# DEUTSCH TRAINING

Jörg Knobloch • Erich Segl

## Deutsche Rechtschreibung

Regeln, Übungen, Minutendiktate,
Rechtschreibrätsel und Lösungen
5. – 10. Klasse

STARK

Abbildungen: Wilhelm Busch

Dieser Band wurde nach der neuen Rechtschreibung abgefasst.

ISBN: 3-89449-290-2

# Inhalt

## 3. Teil: Anhang – Wörterliste, Fachbegriffe und Lösungen

# Wie man mit diesem Trainingsband arbeiten kann

In diesem Trainingsband werden die grundlegenden Probleme der deutschen Rechtschreibung aufgegriffen. Regeln, Beispiele, Übungen, Minutendiktate und Rechtschreibrätsel **entsprechen der neuen Rechtschreibung** und orientieren sich an den Fehlerschwerpunkten und an den Verständnismöglichkeiten von Schülerinnen und Schülern der Sekundarstufe I.

Der **Trainingsband** ist so aufgebaut, dass er auf unterschiedliche Art und Weise verwendet werden kann.

- **Ausgangspunkt** der Arbeit wird meist ein bereits durch frühere Leistungsfeststellungen ermittelter **individueller Fehlerschwerpunkt** sein. Es könnte z. B. sein, dass eine Schülerin gehäuft Fehler im Bereich der Groß- und Kleinschreibung macht.
- Dem individuellen Fehlerschwerpunkt entsprechend können dann Regeln ausgewählt, Beispiele angeschaut und spezielle Übungsaufgaben bearbeitet werden. Schließlich kann das Gelernte in der Auseinandersetzung mit **Minutendiktaten**, die meist mehrere Schwierigkeiten vereinen, angewendet werden. So ist ein besonders **Zeit sparendes** und **effektives Lernen und Üben** möglich.
- Wer nicht sicher ist, wo seine Fehlerschwerpunkte liegen, sollte seine Deutschlehrerin bzw. seinen Deutschlehrer fragen.
- Man kann jedoch auch **systematisch** vorgehen. Die Regeln werden dann der Reihe nach durchgearbeitet oder wiederholt. Übungen und Minutendiktate können sich bei Bedarf anschließen. So kann man sich **einen Überblick** über die Problemfälle der deutschen Rechtschreibung verschaffen und seine Sicherheit beim Schreiben vergrößern.
- Natürlich ist es auch möglich, die Arbeit bei den Minutendiktaten zu beginnen. **Schwächen**, die sich hierbei zeigen, lassen sich dann **gezielt bearbeiten**.
- Die direkte Arbeit mit den Regeln der deutschen Rechtschreibung wird von Schülerinnen und Schülern meist als nicht sonderlich interessant empfunden. Sie wird daher in diesem Trainingsband durch Minutendiktate ergänzt, für die motivierende Kurztexte aus der Tagespresse ausgewählt wurden. Die Schüler arbeiten also **mit Texten aus dem „wirklichen Leben“** – so kurios sie im ein oder anderen Fall auch sein mögen. Und wenn die regelmäßige Beschäftigung mit diesen kurzen Zeitungstexten nicht nur zur Verbesserung der Rechtschreib-

leistung, sondern auch dazu führt, insgesamt der Presse und dem Lesen größere Aufmerksamkeit zuzuwenden, ist das ein durchaus wünschenswerter Nebeneffekt.

- Zu jedem der **66 Minutendiktate** gibt es ein Rechtschreibrätsel, das zum **genauen Lesen** und zur **spielerischen** Beschäftigung mit einer überschaubaren Anzahl von Rechtschreibproblemen führt. Die Arbeit erfordert nur einen **geringen Zeitaufwand** von wenigen Minuten, kann also selbst bei prall gefülltem Stunden- und Tagesplan durchgeführt werden. Minutendiktate und Rätsel bieten sich somit zur regelmäßigen oder gar **täglichen Übung** an.
- Der Anhang enthält neben einer **Zusammenstellung wichtiger Wörter**, deren Schreibweise sich durch die Rechtschreibreform geändert hat, auch eine Liste der in den Regeln verwendeten **grammatikalischen Fachbegriffe**. Zusätzlich wird ein **Lösungsteil** angeboten, damit sofort und selbstständig überprüft werden kann, ob eine Aufgabe tatsächlich richtig gelöst wurde. So erfüllt dieser Trainingsband wichtige Anforderungen des auf die Pädagogen Maria Montessori und Célestin Freinet zurückgehenden **Konzeptes der Freiarbeit**.
- Die vielfältigen **Verwendungsmöglichkeiten** liegen also sowohl im **häuslichen Bereich** – von der „Nachhilfe" über die Wiederholung bis zur Vorbereitung auf Leistungsnachweise und Prüfungen – als auch in der **Schule**. Hier kann der Trainingsband im traditionellen und im offenen Unterricht eingesetzt werden, bei der Differenzierung Verwendung finden oder auch „nur" als Sammlung von Hausaufgaben verwendet werden.

Die Bedeutung dieses Trainingsbandes ergibt sich nicht zuletzt aus den Veränderungen der deutschen Rechtschreibung. Allerdings ist dieses Problem so neu nicht, es war schon *Wilhelm Busch* bzw. seinem Dorfschullehrer Hieronymus bekannt:

> *Zuvörderst findet er in der Fibel*
> *Manche veralteten Mängel und Übel;*
> *Wie er denn gleich mit Schrecken sah,*
> *Dass das ff und ph nicht da.*

Der Trainingsband will und kann die eingeführten Schulbücher, auch wenn sie eventuell veraltet sind und im Bereich Rechtschreibung Mängel aufweisen, nicht ersetzen, er versteht sich aber als sinnvolle, schülergerechte und motivierende Ergänzung.

# 1. Teil:
# Regeln, Beispiele, Übungen

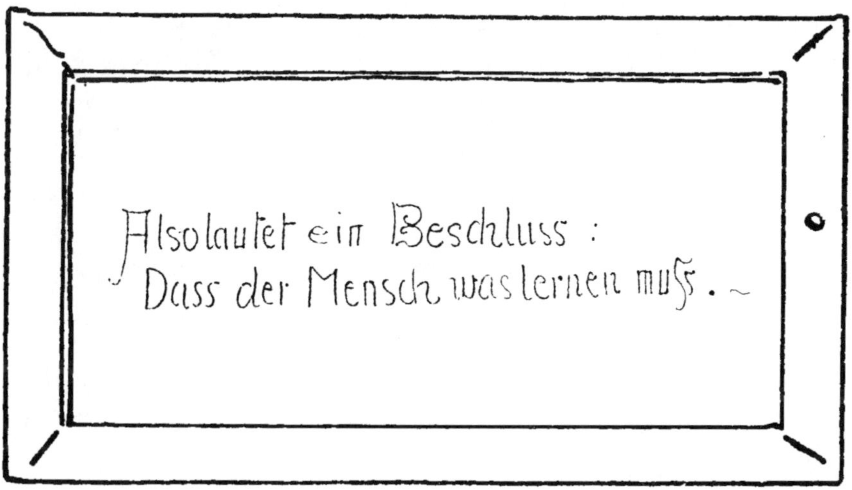


Handschrift: Wilhelm Busch; Rechtschreibung von 1864

## Großschreibung – Regeln und Beispiele

| **Großschreibung**<br>***Regeln*** | **Großschreibung**<br>***Beispiele*** |
|---|---|
| **Substantive** bezeichnen Gegenstände, Lebewesen und Begriffe. Man kann sie mit einem bestimmten oder unbestimmten Artikel verknüpfen. **Substantive** werden **immer groß** geschrieben. | **der S**tuhl, **das B**rot, **die F**lasche,<br>**der B**echer, **das M**ädchen,<br>**eine S**childkröte, **ein G**efühl |
| Auch Substantive in festen Gefügen werden groß geschrieben. | Auf **A**bruf, in/mit **B**ezug auf,<br>im **G**runde, in **H**insicht auf,<br>etwas außer **A**cht lassen,<br>**R**ad fahren,<br>**F**olge leisten,<br>**R**echt haben,<br>**P**leite gehen |
| **Andere Wortarten** werden groß geschrieben, wenn sie **substantivisch gebraucht** werden. Merkmale für substantivischen Gebrauch dieser Wortarten sind ihre Artikel. | **das L**etzte<br>**der N**ächste<br>**das L**aufen |

| **Großschreibung** *Regeln* | **Großschreibung** *Beispiele* |
|---|---|
| Die bestimmten und unbestimmten **Artikel der, die, das, ein, eine, ein** substantivieren das folgende Wort. | Es ändert sich nicht **das G**eringste. |
| Auch versteckte und veränderte Artikel substantivieren das folgende Wort. | Er gab ihm **S**aures = Er gab ihm **das S**aure.<br>**zur** Direktorin = zu **der** Direktorin<br>Es geschah **S**onntagabend. = ... **am S**onntagabend.<br>im **G**roßen und **G**anzen = in **dem** ... |
| Auch **Pronomen** wie **dieser, jener, welcher, mein, kein, etwas, nichts, alle, einige,** ... substantivieren das folgende Wort. | Wir wünschen **alles G**ute.<br>**Nichts B**esonderes ... |
| Tageszeiten werden in Verbindung mit **heute, morgen, gestern** und **vorgestern** groß geschrieben.<br>Zusammensetzungen von Wochentag und Tageszeit werden ebenfalls groß geschrieben. | heute **A**bend,<br>vorgestern **M**ittag<br><br>am **M**ontagabend,<br>jeden **S**amstagmorgen |

| **Großschreibung** *Regeln* | **Großschreibung** *Beispiele* |
|---|---|
| Wenn **Zahlen wie Substantive** verwendet werden, schreibt man sie groß. | Er fürchtete sich vor der **D**reizehn.<br>Der Zeiger näherte sich der **E**lf. |
| **Unbestimmte Zahlwörter** wie **ein paar, genug, viel, wenig,** ... substantivieren ein Wort, wenn sie sich auf dieses Wort beziehen. | **Nichts M**enschliches war ihr fremd.<br>Wir haben **viel S**chönes erlebt. |
| Bestimmte und unbestimmte **Zahlwörter** werden groß geschrieben, wenn sie wie Substantive verwendet werden. | Die Miete zahlt sie am **E**rsten des Monats.<br>Jeder **D**ritte lehnte das Projekt ab.<br>Das **G**anze war schnell erledigt. |
| **Bruchzahlwörter** werden nur dann groß geschrieben, wenn sie **nicht** vor Maßangaben und **nicht unmittelbar** vor Zahlen der Uhrzeitangabe stehen. | Ein **Z**ehntel des Umsatzes ...<br>Ein **V**iertel ...<br>Um (ein) **V**iertel vor fünf ...<br><br>**Aber:** Um **v**iertel **fünf**,<br>ein **v**iertel **Kilogramm** |

| **Großschreibung** *Regeln* | **Großschreibung** *Beispiele* |
|---|---|
| **Eigennamen** schreibt man groß. Bei mehrteiligen Eigennamen werden alle Bestandteile **außer** Artikel, Präpositionen und Konjunktionen groß geschrieben. | Kap **der** Guten Hoffnung,<br>Vereinigte Staaten **von** Amerika,<br>Johann Wolfgang **von** Goethe |
| Ableitungen von Eigennamen auf **-sche** werden groß geschrieben, wenn durch Apostroph-Abtrennung die Grundform des Namens verdeutlicht werden soll. | **G**oethe'**sche** Dramen |
| Ableitungen von geographischen Eigennamen auf **-er** werden groß geschrieben. | Die **B**erlin**er** Bevölkerung ...<br>Die **N**ew York**er** Kriminalitätsrate ...<br>Der **A**llgäu**er** Käse ... |
| In der **Höflichkeitsform** werden die Pronomen **Sie** und **Ihr** sowie deren gebeugte Formen groß geschrieben. | Ist das **I**hr Schirm?<br>Bestehen **I**hrerseits Hoffnungen auf einen Erfolg?<br>Ich freue mich auf **I**hre Antwort. |

## Großschreibung – Übungen

**Regeln auf Seite: 5–8**
**Lösungen auf Seite: 133–134**

1. **Finde** die **passenden Wörter** heraus und schreibe sie **in der richtigen Form** auf.

   Er fährt (DAR) ______________. Sie hat (THCER) ________________. Die Firma geht (ETEPIL) ______________________. Ich habe keine (DULHCS) ______________________. Deinem Rat werde ich (EGLOF) __________________ leisten.

   Im (EUGNDR) ________________ ist er ein netter Kerl. Denke auch an deinen (ETCNSÄHN), nicht nur an dich selbst.

2. Schreibe den **Text einer Postkarte** auf, die du aus dem Urlaub an deine Lehrerin oder deinen Lehrer schreibst. Verwende dabei die folgenden Wörter in der richtigen Schreibweise: SIE, IHR (IHRE), IHNEN.

   ✎ ______________________________________________

   ______________________________________________

   ______________________________________________

   ______________________________________________

3. Dein Lieblingsonkel ruft an. Er will euch besuchen. Weil deine Eltern noch arbeiten, besprichst du mit ihm, wann er von dir, von deiner Mutter oder deinem Vater abgeholt werden kann und wann nicht. **Verwende** für das Telefonat **die folgenden Wörter** in einer sinnvollen Reihenfolge. Schreibe den Verlauf des Gesprächs auf ein Blatt.

   ... in der NACHT ... ☎ ... am ABEND ... ☎ ... heute ABEND ... ☎ ... MONTAGNACHMITTAG ... ☎ ... gestern MORGEN ... ☎ ... guten MORGEN ... ☎ ... DIENSTAGMORGEN ...

## Kleinschreibung – Regeln und Beispiele

| **Kleinschreibung** *Regeln* | **Kleinschreibung** *Beispiele* |
|---|---|
| **Adjektive** und **Verben** werden **klein** geschrieben.<br>**Ausnahme:** wenn sie am Satzanfang stehen oder substantiviert werden. | Er **ä**rgerte sich **g**rün und **b**lau über die Angelegenheit.<br>Er war daran **b**eteiligt. |
| In **Satzkonstruktionen mit Superlativen**, in denen man Inhalte mit **„Wie?“** erfragen kann, werden Adjektive klein geschrieben, auch wenn sie der Form nach substantiviert sind. | Diese (Ski-)Abfahrt ist die **s**chwierigste.<br>Dieses Buch liest sich am **b**esten.<br>(= Wie liest es sich?) |
| **Bei Superlativen mit aufs** oder **auf das** ist Groß- **oder** Kleinschreibung möglich. | aufs **b**este/aufs **B**este ...<br>auf **h**erzlichste/aufs **H**erzlichste ... |

| **Kleinschreibung** *Regeln* | **Kleinschreibung** *Beispiele* |
|---|---|
| In Wortgruppen, die eine feste Verbindung von Adjektiv und Substantiv aufweisen und dabei **keinen Eigennamen** darstellen, werden **Adjektive klein** geschrieben. | das **s**chwarze Brett, die **e**rste Hilfe, der **g**oldene Schnitt, die **g**rüne Lunge, das **s**chwarze Schaf, das **g**elbe Trikot, das **g**roße Los, ... |
| **Von Personennamen abgeleitete Adjektive** werden **klein** geschrieben. | das **k**opernikanische Weltsystem, das **o**hmsche Gesetz |
| **Pronomen** werden **klein** geschrieben, auch wenn sie an Stelle eines Substantivs stehen. | Wenn **e**iner eine Reise tut, so kann er was erzählen. Man muss mit (den) **b**eiden reden. |
| Bei Anreden in Briefen werden die Pronomen **du, dein** usw. klein geschrieben. | Vielen Dank, dass **d**u mir geschrieben hast. Ich möchte **d**ich am nächsten Freitag treffen. |

| **Kleinschreibung** *Regeln* | **Kleinschreibung** *Beispiele* |
|---|---|
| Wenn sich Adjektive, Partizipien oder Pronomen **auf ein** vorhergehendes oder nachstehendes **Substantiv beziehen**, so schreibt man sie klein, auch wenn es sich um Substantivierungen handelt. | Sie war die **g**eschickteste Verkäuferin.<br>Neun Teilnehmer erschienen, auf den **z**ehnten (Teilnehmer) warteten wir vergeblich.<br>Leih mit bitte dein Fahrrad, **m**eines ist kaputt. |
| Wörter, die als Präpositionen ihre **Verbindung zum Herkunftswort verloren** haben, schreibt man **klein.** | **d**ank, **k**raft (= kraft ihres Amtes), **l**aut (= **l**aut Beschluss vom ...), **s**tatt, an ... **s**tatt (= an Kindes **s**tatt), **t**rotz, **w**egen, von ... **w**egen, (= von Amts **w**egen), **z**eit (= **z**eit seines Lebens) |
| **Kardinalzahlen**, die kleiner als eine Million sind, werden klein geschrieben. | Mit **d**reißig beginnt das Leben.<br>Von uns nahmen **v**ier die Abkürzung.<br>Multipliziere die Summe mit **n**eun.<br><br>**Aber**: drei **M**illionen Menschen |

| **Kleinschreibung**<br>*Regeln* | **Kleinschreibung**<br>*Beispiele* |
|---|---|
| Wörter, die als unbestimmte Zahlwörter ihre **Verbindung zum Herkunftswort verloren** haben, schreibt man klein. | ein **b**isschen, (= ein wenig),<br>ein **p**aar (= einige),<br>ein **b**isschen Öl,<br>ein **p**aar Äpfel, ... |
| **Bruchzahlen** mit den Endungen **-tel** und **-stel** werden vor Maßangaben klein geschrieben. | ein **v**iertel Kilogramm,<br>ein **z**ehntel Millimeter,<br>nach drei **v**iertel Stunden<br>**Aber**: Großschreibung, wenn man die angegebenen Beispiele zusammenschreibt: ein Viertelkilogramm, ein Zehntelmillimeter |
| Die Wörter **Angst, Bange, Gram, Leid, Schuld** und **Pleite** schreibt man nur in Verbindung mit den Verben **sein, bleiben** und **werden** klein. | **p**leite **sein,**<br>**g**ram **bleiben,**<br>**b**ange **werden** |
| Die **Zahladjektive viel, wenig,** (der, die, das) **eine**, (der, die, das) **andere** werden auch in ihren gebeugten Formen klein geschrieben. | **v**iel, **v**ieles, **v**ielen, **v**iele, ...<br>Das haben schon **v**iele erlebt.<br>Nur **w**eniges war nach dem Brand noch zu gebrauchen. |

## Kleinschreibung – Übungen

**Regeln auf Seite: 10–13**
**Lösungen auf Seite: 135**

1. **Ergänze** in der folgenden Zeitungsmeldung die fehlenden Buchstaben. Gib jeweils in Klammern an, ob es sich bei dem zu ergänzenden Wort um ein Substantiv (S), ein Adjektiv (A) oder ein Verb (V) handelt.

> Innerhalb einer viertel ___tunde (___) ___ingen (___) bei der Lübecker Polizei neun Anrufe ein, bei denen jedes Mal nur ein Faxsignal zu ___ören (___) war. Die Beamten waren etwas beunruhigt, ___achten (___) die Adresse der Anruferin ausfindig und ___ntdeckten (___) eine Katze, die es sich auf dem Faxgerät ihrer Besitzerin ___equem (___) gemacht hatte. Offenbar war das ___chlummernde (___) Tier immer wieder auf die ___ahltaste (___) für den Polizeinotruf ___ekommen (___). Die Aktion war nach einer viertel Stunde zu Ende.

2. Die folgenden Fragen beziehen sich auf den unter Nr. 1 abgedruckten Zeitungsartikel. Beantworte die Fragen in **ganzen Sätzen**.

- In welchem Zeitraum gingen die Anrufe bei der Polizei ein?
  Die Anrufe ______________________________
- Wie viele Katzen waren beteiligt?
  Es ______________________________
- Wie viele Anrufe gingen bei der Polizei ein?
  Es ______________________________
- Waren die Polizisten sehr beunruhigt?
  Die Polizisten ______________________________
- Wie lange dauerte die Polizeiaktion?
  Die ______________________________

3. Schreibe den **Text eines kurzen Briefes** auf, den du aus dem Urlaub an deine Oma oder Tante schreibst. Verwende dabei die folgenden Wörter in der richtigen Schreibweise: DU, DIR, DEIN, DEINE.

✎ ______________________________________________

______________________________________________

______________________________________________

______________________________________________

______________________________________________

______________________________________________

______________________________________________

## Anwendung des Stammprinzips – Regeln und Beispiele

| **Anwendung des Stammprinzips** ***Regeln*** | **Anwendung des Stammprinzips** ***Beispiele*** |
|---|---|
| Die **Verwandtschaft von Wörtern** führt zu vergleichbarer Schreibweise. | überschw**ä**nglich (Überschw**a**ng),<br>bel**ä**mmert (L**a**mm),<br>schn**äu**zen (Schn**au**ze),<br>nu**mm**erieren (Nu**mm**er),<br>pla**tz**ieren (Pla**tz**),<br>G**ä**mse (G**a**ms), ... |
| Stoßen bei Wortzusammensetzungen **mehrere gleiche Buchstaben** zusammen, so werden diese ohne Verlust beim Schreiben berücksichtigt. | Schi**ff/F**ahrt – Schi**fff**ahrt,<br>Be**tt/T**uch – Be**ttt**uch,<br>selb**st/st**ändig – selb**stst**ändig,<br>Zä**hh**eit (zäh), Ro**hh**eit (roh), ...<br><br>**Aber**: Rauheit (weil neu: rau) |
| Einige Wörter erlauben zwei Schreibweisen, da sie sich **von verschiedenen Wortstämmen** herleiten lassen. | Sch**e**nke/Sch**ä**nke<br>(wegen ausschenken/Ausschank),<br>aufw**e**ndig/aufw**ä**ndig<br>(wegen aufwenden/Aufwand)<br><br>**Ausnahme**: Eltern (trotz alt) |

# Anwendung des Stammprinzips – Übungen

**Regeln auf Seite: 16**
**Lösungen auf Seite: 136**

1. Ergänze die Lücken. Im Zweifelsfall hilft dir die **Grundform** des Wortes oder **ein Wort mit dem gleichen Wortstamm**.

   **Beispiel**:
   Er zitterte vor K_lte. (kalt ➪ Kälte)
   Er zitterte vor K**ä**lte.

   Dietmar ist ein W___ltenbu_____ler. Er hat mir bunte B___nder aus Afrika mitgebracht. Ich würde sie für eine Ausstellung zur Verfügung stellen, allerdings sollten wir sie vorher nu_____erieren, auch wenn das sehr aufw___ndig ist. Er wird sicher auch zur Ausstellung kommen, du kannst ihn dann überschw___nglich begrüßen. Die dummen G___nse aus der Parallelklasse werden dann ziemlich bel___mmert schauen.

2. Aus den folgenden Buchstabenkombinationen lassen sich sinnvolle **Wörter bilden**. Achtung: Sehr schwer!

   **Beispiel**: tBcteuht ➪ Betttuch

   stBamsesim ➪ ________________________

   rslnBesnene ➪ ________________________

   gxpsnEredsensu ➪ ________________________

   sgücshenustig ➪ ________________________

   ehringGercsririe ➪ ________________________

   aaHlnpreädebllndsil ➪ ________________________

   urhcstsHaseulnsa ➪ ________________________

   ittpoetScmhr ➪ ________________________

   fltefSüofl ➪ ________________________

3. Die in Klammern **angegebenen Buchstaben** lassen sich zu einem **Lösungswort** zusammenstellen. Die gerasterten Kästchen machen dich auf die besonders schwierigen Teile des Lösungswortes aufmerksam.

__________________ (3)

__________________ (2)

__________________ (2)

__________________ (4)

__________________ (4)

__________________ (3/4)

| | | | | | | |
|---|---|---|---|---|---|---|
| | | | | | | |

## Konsonanten verdoppeln – Regeln und Beispiele

| **Konsonanten verdoppeln**<br>***Regeln*** | **Konsonanten verdoppeln**<br>***Beispiele*** |
|---|---|
| Folgt im Wortstamm auf einen betonten **kurzen Vokal** ein **einzelner Konsonant**, so muss man diesen **verdoppeln**. | La**pp**en, Mo**pp**, Hü**tt**e, Ti**pp**, Sto**pp**el, Sto**pp** |
| Bei einigen einsilbigen Wörtern (besonders aus dem Englischen), wird trotz kurz gesprochenem Vokal der folgende Konsonant **nicht** verdoppelt. | Chip, fit, Jet, Job, Klub, Pop, Slip, top<br><br>**Aber**: der Job, ich jo**bb**e ... |
| **Besonderheiten** bei der Verdoppelung von -k und -z bleiben: Statt kk schreibt man weiterhin **ck**, statt zz schreibt man **tz**. | Mü**ck**e, lo**ck**er, Ha**ck**e, Hi**tz**e, Mü**tz**e, Ka**tz**e, Matra**tz**e<br><br>**Ausnahme**: Verschiedene Fremdwörter, z. B. Mo**kk**a, Pi**zz**a, Sa**kk**o, Ski**zz**e |

# Konsonanten verdoppeln – Übungen

**Regeln auf Seite: 19**
**Lösungen auf Seite: 137–138**

1. **Verdoppele die Konsonanten** p, s, t, m, n, r, f, g, l und setze sie in die Lücken der folgenden Wörter ein. In einigen Fällen gibt es mehrere Möglichkeiten. Wer findet die meisten?

   Ra______e, Ha______en, Wa______er, Wa______e, ko______en,

   La______en, la______en, ne______en, He______en, ra______en,

   Ha______e, ha______en, Ra______el, Scha______en

2. **Suche** aus den Minutendiktaten Nr. 11 und 25 **alle Wörter mit doppelten Konsonanten** heraus und trage sie in eine **Tabelle** nach folgendem Muster ein.

| pp | tt | ss | ... |
|---|---|---|---|
| | | | |

3. Einige der folgenden Wörter wurden **früher mit ß** geschrieben – **unterstreiche** sie. Da der s-Laut auf einen kurzen Vokal folgt, musst du nun in alle Wörter **ss einsetzen**:

   Ka______e, la______en, kü______en, mü______en, ha______en, Ha______ ,

   Ku______ , Schlu______ , Schlo______ , mu______ , Flu______

4. Finde geeignete **Reimwörter**.

   Eine kleine Mücke

   fliegt durch eine ______________________________

   Eine fette Katze

   schlägt sie mit der ______________________________

   Wegen großer Hitze

   erzählen wir uns nun ______________________________

5. **Suche** zu jedem Bild **die passende Bezeichnung**. Aus den in Klammern angegebenen Buchstaben lässt sich ein Wort bilden, in dem ebenfalls ein Konsonant verdoppelt wird. Ergänze zum Schluss jedes Wort durch ein passendes Reimwort.

(1/3) ______________________________

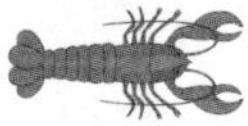

(3/4/5) ______________________________

(2) ______________________________

(4) ______________________________

**Lösungswort**:

| | | | | | | |
|---|---|---|---|---|---|---|
| | | | | | | |

6. **Ergänze die Geschichte.**

Der Mann stöhnte unter der H________________. Um sich vor den M______________ zu sch________________ setzte er dennoch eine M______________ auf. Die K______________ hatte es besser. Die lag auf einer M________________ und war ganz zufrieden.

## Der s-Laut – Regeln und Beispiele

| **Der s-Laut**<br>***Regeln*** | **Der s-Laut**<br>***Beispiele*** |
|---|---|
| Folgt ein **s** nach einem kurzen Vokal, so **muss** man es verdoppeln. | Kasse, lassen, sie lä**ss**t, mü**ss**en, er mu**ss**, Flu**ss**, da**ss**<br><br>**Ausnahme**: der Bus – die Busse |
| Wenn **nach** einem **lang gesprochenen** Vokal oder Diphtong (= Doppellaut: eu, au, äu, ei, auch ie), ein scharf gesprochener s-Laut folgt, so schreibt man **ß**. | Stra**ß**e, Ma**ß**, Grie**ß**, gro**ß**, grü**ß**en, au**ß**en, drau**ß**en, hei**ß**en, Flei**ß**, Strau**ß**, bei**ß**en, ... |

# Der s-Laut – Übungen (ss)

**Regeln auf Seite: 22**
**Lösungen auf Seite: 139–140**

1. Suche aus den Minutendiktaten Nr. 5, 10, 22 und 24 alle **Wörter mit doppeltem s** heraus und bringe sie in eine **alphabetische Reihenfolge.**

2. Löse das **Kreuzworträtsel.**

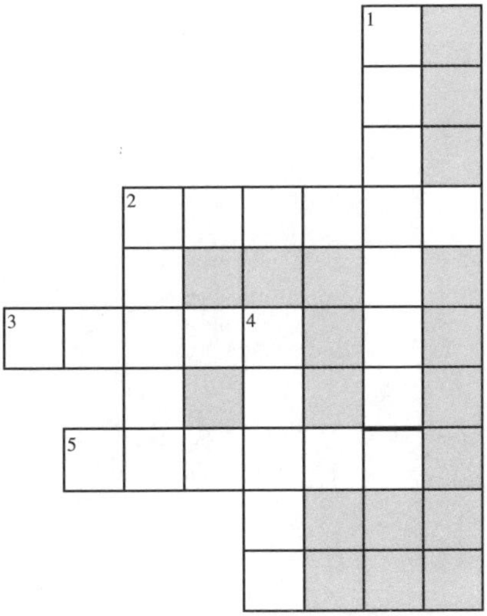

*1 senkrecht:* Arme und Beine beim Fisch
*2 waagrecht:* Zähne im Mund
2 *senkrecht:* kleine Straße
*3 waagrecht:* Frucht mit harter Schale (Mehrzahl)
*4 senkrecht:* Nahrung
*5 waagrecht:* Möbel

3. **Verändere** so lange **einen Buchstaben** des Ausgangswortes, bis du das Zielwort erreicht hast. „Sch“ gilt hier als **ein** Buchstabe. Zwischen den Wortarten kann gewechselt werden.

**Beispiel**:

Flosse ➪ Flüsse ➪ Schlüsse

Tasse ➪ ________________ ➪ ________________ ➪ Schüsse

Massen ➪ ________________ ➪ ________________ ➪ küssen

schossen ➪ ________________ ➪ ________________ ➪ Tassen

# Der s-Laut – Übungen (ß)

**Regeln auf Seite: 22**
**Lösungen auf Seite: 140**

1. Suche zu folgenden Wörtern passende **Reimwörter.**

| | | | | | |
|---|---|---|---|---|---|
| grüßen | ➪ | ______________________ | heiß | ➪ | ______________________ |
| schließen | ➪ | ______________________ | Straße | ➪ | ______________________ |
| sie aßen | ➪ | ______________________ | fließen | ➪ | ______________________ |
| groß | ➪ | ______________________ | beißen | ➪ | ______________________ |

2. **Ergänze**

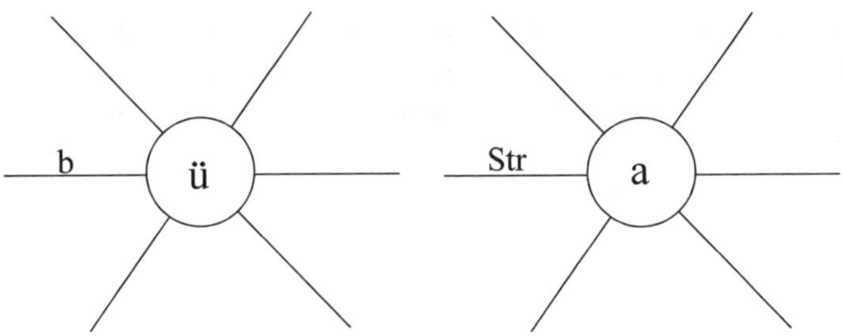


3. **Ergänze die Sätze.**

Er ver __________________ sein Geld in der Gemeindebücherei. Die Katze fing sich eine Maus und ________________________ sie auf. Viele Bäche ____________________ in die Isar. Am ________________rand lauert ein Bussard auf Beute. Sch_________________ setzte sich das Kind auf Omas Sch___________________.

## Dehnung durch h, ie oder doppelte Vokale – Regeln und Beispiele

| **Dehnung durch h**<br>***Regeln*** | **Dehnung durch h**<br>***Beispiele*** |
|---|---|
| Wenn **nach einem betonten und lang gesprochenen Vokal direkt ein kurz gesprochener Vokal** folgt, so muss zwischen beiden Vokalen ein **h** stehen. | beja**h**en, na**h**en, Darle**h**en, dro**h**en, Ru**h**e, fä**h**ig, Hö**h**e |
| Wenn **nach** einem betonten **langen Vokal** ein **l, m, n** oder **r** folgt, so schreibt man nach dem Vokal oft ein **h**. | la**h**m, a**h**nen, Befe**h**l, bo**h**ren, Ru**h**m, U**h**r, Hö**h**le, stö**h**nen, fü**h**len fa**h**nden, So**h**le, Ma**h**l |
| Manchmal kennzeichnet man die Länge des gesprochenen Vokals **i** oder **ie** zusätzlich mit einem **h.** | i**h**m, i**h**n, i**h**nen, i**h**r<br><br>flie**h**en, Vie**h**, wie**h**ern, zie**h**en |

| **Dehnung durch ie** *Regel* | **Dehnung durch ie** *Beispiel* |
|---|---|
| Ein **lang gesprochenes i** wird meistens mit **ie** geschrieben. | Batter**ie**, Lotter**ie**, Scharn**ie**r, marsch**ie**ren, ras**ie**ren |

| **Dehnung des i-Lautes** *Regel* | **Dehnung des i-Lautes** *Beispiel* |
|---|---|
| In wenigen Fällen wird ein lang gesprochenes **i ausnahmsweise** nur mit **i** geschrieben. | d**i**r, m**i**r, w**i**r, g**i**b, B**i**bel, B**i**ber, **I**gel, L**i**ter, N**i**sche, T**i**ger |

| **Verdoppelung von Vokalen** ***Regeln*** | **Verdoppelung von Vokalen** ***Beispiele*** |
|---|---|
| Bei einer kleinen Gruppe von Wörtern können die lang gesprochenen Vokale **a, e,** und **o verdoppelt** werden.<br>Diese Regel gilt auch für gebräuchliche Fremdwörter. | **Aa**l, H**aa**r, P**aa**r, S**aa**l, St**aa**t, W**aa**ge,<br>B**ee**t, F**ee**, Kl**ee**, Schn**ee**, T**ee**r, Arm**ee**, Id**ee**, Kaff**ee**,<br>B**oo**t, M**oo**r, M**oo**s, Z**oo**<br>Varieté – Variet**ee** |
| Unterscheiden muss man jedoch **Wörter mit unterschiedlicher** Bedeutung und Schreibweise. Ebenso gibt es Wörter, deren betonte lange Vokale in der Schreibweise unsichtbar bleiben. | l**ee**ren/le**h**ren, M**ee**r/me**h**r, ...<br>W**aa**ge/Wagen<br>Boden, baden, her (gib her!), holen, Qual, Rede, selig, ... |

## Dehnung durch h, ie oder doppelte Vokale – Übungen

**Regeln auf Seite: 26–28**
**Lösungen auf Seite: 141–142**

1. **Suche** aus den Minutendiktaten Nr. 10, 12, 13, 19, 20, 25 und 62 **alle Wörter mit Dehnungen** durch h, ie oder doppelte Vokale heraus und trage sie in eine **Tabelle** nach folgendem Muster ein.

| Dehnung durch | | | | |
|---|---|---|---|---|
| h | ie | aa | ee | oo |
| | | | | |

2. Löse das **Kreuzworträtsel.**

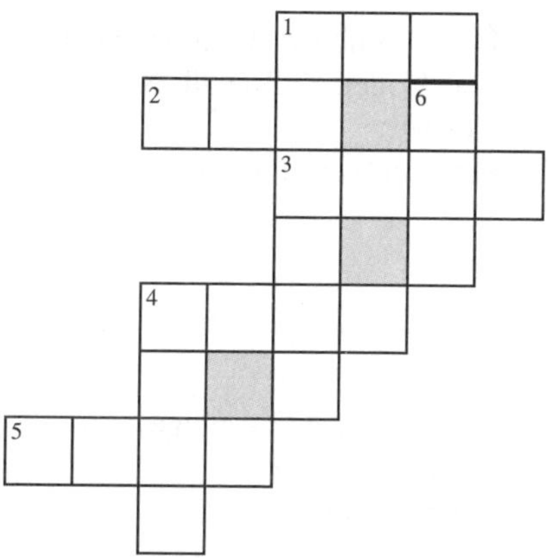

*1 waagrecht:* Märchengestalt
*1 senkrecht:* junges Pferd
*2 waagrecht:* Tierpark
*3 waagrecht:* natürliche Kopfbedeckung
*4 waagrecht:* Getränk
*4 senkrecht:* Gartenteil mit Blumen oder Gemüse
*5 waagrecht:* Straßenbelag
*6 senkrecht:* Fisch

3. Setze die **Silben zu Wörtern** zusammen. Verwende jede Silbe nur einmal.

| | | | | | | | | | |
|---|---|---|---|---|---|---|---|---|---|
| sie | leh | ren | nen | ren | hen | ra | len | ah | schie |
| boh | len | Foh | flie | ben | ren | füh | mar | sie | ren |

✎ ______________________________

______________________________

______________________________

## Ähnlich klingende Konsonanten – Regeln und Beispiele

| **Ähnlich klingende Konsonanten** *Regeln* | **Ähnlich klingende Konsonanten** *Beispiele* |
|---|---|
| Die **Schreibweise** für die Laute der Buchstaben **b, d, g** und **w** sind beim Sprechen nicht immer klar zu erkennen. Die **Verlängerung** der Wörter hilft die richtige Schreibweise zu finden. | Lo**b**? – lo**b**en!<br>trü**b**? – trü**b**e!<br>Ra**d**? – Rä**d**er!<br>Sie**g**? – sie**g**en! |
| Den Laut **f** schreibt man in einigen Fällen mit **v.** Dazu gehören auch alle Wörter mit der Vorsilbe **ver-.** | **V**ater, **V**eilchen, **V**ieh, **v**ielleicht, **v**ier; **V**ogel, **V**olk, **v**oll, Ner**v**, Fre**v**el ...<br>**ver**lieren **ver**laufen, **ver**raten ... |
| Der gesprochene Laut **ch** wird immer dann mit **g** geschrieben, wenn die verlängerte Form des Wortes an dieser Stelle ein **g** zeigt. | ewi**g**, Ewi**g**keit? – ewi**g**e!<br>Käfi**g**? – Käfi**g**e!<br>ruhi**g**? – ruhi**g**e! |

| **Ähnlich klingende Konsonanten**<br>***Regeln*** | **Ähnlich klingende Konsonanten**<br>***Beispiele*** |
|---|---|
| Das gesprochene **w** wird in vielen Fremdwörtern und einigen eingedeutschten Wörtern mit **v** geschrieben. | **V**ase, **V**irus, zi**v**il, Re**v**ol**v**er, Akti**v**ität, Detekti**v**e |
| Das gesprochene **x** wird bei einigen Wörtern ausnahmsweise mit **chs** oder **ks** geschrieben. | A**chs**e, Fu**chs**, Bü**chs**e, E**chs**e, se**chs**, Wa**chs**, wa**chs**en, ...<br>Ke**ks**e, ... |

# Ähnliche klingende Konsonanten – Übungen

**Regeln auf Seite: 30–31**
**Lösungen auf Seite: 143**

1. **Suche** aus den Minutendiktaten Nr. 14, 25 und 52 **Wörter heraus,** die auf b, p, g, k, d oder t enden. Ordne diese Wörter **alphabetisch** und **bilde** jeweils eine **erweiterte Wortform.**

   **Beispiel**: Rad ➪ Räder

   ✎ ______________________________________________

   ______________________________________________

   ______________________________________________

   ______________________________________________

   ______________________________________________

2. Ergänze die folgenden Wörter.

| | | |
|---|---|---|
| _____ieh | ____erraten | ____ase |
| _____ater | ____on | ____agabund |
| ____ielleicht | Ner____en | ____atikan |
| ____erlieren | ____entil | |

3. Versuche, mit Hilfe der folgenden Wörter den **Anfang eines Kurzkrimis** zu schreiben.

| |
|---|
| Detektiv, zivil, Revolver, Nerven, vier, verlieren |

   ✎ ______________________________________________

   ______________________________________________

   ______________________________________________

   ______________________________________________

   ______________________________________________

## Schreibung von Fremdwörtern – Regeln und Beispiele

| **Schreibung von Fremdwörtern** ***Regeln*** | **Schreibung von Fremdwörtern** ***Beispiele*** |
|---|---|
| **Fremdwörter** des alltäglichen Sprachgebrauchs darf man in der Regel nach ihrer Lautfolge schreiben. | Tele**f**on, **F**otogra**f**ie, **f**antastisch, ...<br><br>**Ausnahme**: Bei einigen Wörtern konnte diese Vereinfachung noch nicht durchgesetzt werden (Al**ph**abet). |
| Bei der **Eindeutschung** von Fremdwörtern wird: | |
| **ph** zu **f** | Fotogra**f**ie |
| **th** zu **t** | **T**unfisch |
| **ti** zu **zi** | essen**zi**ell |
| **ai** zu **ä** | Dr**ä**nage |
| **rh** zu **r** | Hämo**rr**iden |
| Zusätzlich wird bei der **Eindeutschung:** | |
| **é** und **ée** zu **ee** | Variet**ee** |
| **c** zu **ss** | Ne**ss**essär |
| **ch** zu **sch** | **Sch**ikoree |
| **qu** zu **k** | Kommuni**k**ee |
| **gh** zu **g** | Jo**g**urt |

| **Schreibung von Fremdwörtern** *Regeln* | **Schreibung von Fremdwörtern** *Beispiele* |
|---|---|
| Wegen der unterschiedlichen Integration von Fremdwörtern in die deutsche Sprache werden in **zahlreichen Fällen** eingedeutschte **Wortvarianten** neben der Originalschreibweise angeboten. | Gra**ph**ologe/Gra**f**ologe<br>Orthogra**phi**e/Orthogra**fi**e<br>Jo**gh**urt/Jo**g**urt<br>Ma**y**o**nnai**se/Majo**nä**se<br>N**ou**gat/N**u**gat<br>Katar**rh**/Katar**r** |

## Schreibung von Fremdwörtern – Übungen

**Regeln auf Seite: 33–34**
**Lösungen auf Seite: 144**

1. Im nebenstehenden Buchstabenfeld sind **acht Fremdwörter** versteckt. **Markiere** sie mit einem Farbstift.

| | | | | | | | | | | | | | |
|---|---|---|---|---|---|---|---|---|---|---|---|---|---|
| B | L | F | O | T | O | G | R | A | F | I | E | Z | O |
| N | J | O | G | U | R | T | B | K | B | X | D | A | K |
| Z | N | Z | T | N | S | A | I | V | L | F | K | L | O |
| P | G | R | A | F | O | L | O | G | E | R | Q | N | H |
| C | L | V | S | I | H | W | G | C | V | E | F | B | T |
| R | A | Z | T | S | I | B | R | G | B | V | M | C | L |
| D | G | L | H | C | Z | J | A | P | W | I | X | D | E |
| E | M | Y | M | H | Q | T | F | D | M | E | S | F | N |
| K | R | S | A | M | O | N | I | T | O | R | Z | A | P |
| K | A | R | A | W | A | N | E | G | Y | H | Z | E | C |

2. **Ersetze** die unten angegebenen Wörter **durch Fremdwörter** und setze sie in den folgenden Text ein.

   Endlich sind Ferien. Gleich am ersten Abend bin ich in eine ____________________ gegangen. Leider hat der ____________________ selten meinen Geschmack getroffen. Die Musik hat mir nicht gefallen. Viel besser haben mir in einem italienischen Lokal die ____________________ geschmeckt. Als Nachtisch gab es ____________________. Das war lecker.

   Tanzlokal für Jugendliche ■ Mensch, der dort die Schallplatten auswählt ■ lange Nudeln ■ Dickmilch mit Bakterien

3. **Suche** zu den folgenden Wörtern **ein Fremdwort.**

   Pfadfinder ⇨ ____________________

   Kaugummi ⇨ ____________________

   Ferngespräch ⇨ ____________________

   Rechtschreibung ⇨ ____________________

## Zusammenschreibung – Regeln und Beispiele

| **Zusammenschreibung** *Regeln* | **Zusammenschreibung** *Beispiele* |
|---|---|
| Verben können mit anderen Wortbestandteilen **untrennbare Zusammensetzungen** bilden. Diese schreibt man immer zusammen. Ob die Zusammensetzung untrennbar ist, merkt man beim Konjugieren. | nacht**w**andeln,<br>schlaf**w**andeln,<br>lob**p**reisen,<br>über**s**etzen,<br>wider**s**prechen:<br>ich widerspreche, du widersprichst |
| Die Reihenfolge der Wortbestandteile dieser Zusammensetzungen bleibt beim **Konjugieren** immer unverändert. | nachtwandeln: ich nachtwandele, du nachtwandelst ...<br>übersetzen: ich übersetze, du übersetzt ...<br><br>**Aber**: Rad fahren – ich fahre Rad, du fährst Rad |
| Verben können mit anderen Wortbestandteilen **trennbare Verbindungen** eingehen. Diese Zusammensetzungen werden im Infinitiv **(I),** im Partizip I **(PI)** und im Partizip II **(PII)** zusammengeschrieben. | fehlschlagen **(I)**<br>Fehlschlagende Versuche gab es genug. **(PI)** Es gab fast nur fehlgeschlagene Experimente. **(PII)**<br><br>**Aber**: Viele Versuche zu diesem Thema **schlugen fehl**. |

## Zusammenschreibung – Übungen

**Regeln auf Seite: 36**
**Lösungen auf Seite: 145**

1. **Trenne** den folgenden Text **in einzelne Wörter.** Achte dabei auch auf die richtige Groß- und Kleinschreibung.

   ZURZEITGEHTESMIRNICHTGUT, DESHALBLASSEICHMICH-KRANKSCHREIBEN. ■ ERSOLLTESEINEARBEITERLEDIGEN, STATTDESSENISTERABERINSKINOGEGANGEN. ■ IRGEND-ETWASSTÖRTMICHANDERSACHE. ■ ERWOLLTEMIRWIDER-SPRECHEN, ABERDIERICHTIGENWORTEFIELENIHMNICHTEIN ■ ERHATTEGEHÖRT, DASSDERSCHLOSSHERRSCHLAFWANDELT. ■ ICHHABEDIEGESCHICHTENICHTVERSTANDEN, DUMÜSSTEST-SIEMIRINSDEUTSCHEÜBERSETZEN. ■ WIRHATTENGEHOFFT, DASSDASEXPERIMENTERFOLGREICHIST, ABERNUNISTESDOCH-FEHLGESCHLAGEN.

   ✎ ______________________________

   ______________________________

   ______________________________

   ______________________________

   ______________________________

2. Schreibe eine **kleine Geschichte** auf, in der die folgenden Wörter vorkommen.

   | |
   |---|
   | schlafwandeln, übersetzen, widersprechen, fehlschlagen, bergsteigen, vollbringen, fehlschlagen |

   ✎ ______________________________

   ______________________________

   ______________________________

   ______________________________

## Getrenntschreibung – Regeln und Beispiele

| **Getrenntschreibung**<br>***Regeln*** | **Getrenntschreibung**<br>***Beispiele*** |
|---|---|
| Die **Getrenntschreibung** der Wörter ist der **Normalfall,** die Zusammenschreibung bleibt die Ausnahme. | Rad □ fahren,<br>Auto □ fahren,<br>Staub □ saugen,<br>Halt □ machen,<br>Teppich □ klopfen,<br>sitzen □ bleiben,<br>abwärts □ gehen, ... |
| Einige **Ungereimtheiten** der Vergangenheit wurden weitgehend beseitigt. | Rad □ fahren (früher: radfahren, aber Auto fahren),<br>abwärts □ gehen (früher: abwärtsgehen = schlechter werden, aber abwärts □ gehen = einen Weg ...) |
| **Wortverbindungen mit „sein“** werden nicht wie Zusammensetzungen behandelt. Sie müssen deshalb **getrennt** geschrieben werden. | beisammen □ sein<br>fertig □ sein<br>zurück □ sein |

## Getrenntschreibung – Übungen

**Regeln auf Seite: 38**
**Lösungen auf Seite: 146**

1. **Setze** die folgenden **Wörter und Silben** in die passenden Sätze **ein.** Achte dabei auch auf Groß- und Kleinschreibung.

| | | | | | | |
|---|---|---|---|---|---|---|
| STAUB | FAHREN | RAD | SAUGEN | FAHREN | SCHLITTEN | HALT |
| SITZEN | LÄRM | KLOPFEN | TEPPICH | MACHEN | BLEIBEN | MACHEN |

Ich komme gleich, ich muss erst noch ______________________ und ______________________! Schau dir mal das Foto an. An dieser Raststätte haben wir ______________________.

Im Winter möchte ich ______________________. Ich habe ein Rad und ich kann ______________________. Sei ruhig, wir dürfen keinen ______________________. Wenn sich meine Leistungen nicht sehr verbessern, werde ich wohl ______________________.

2. **Trenne** den Text **in einzelne Wörter.**

DIESETAFELANSCHRIFTSOLLSTEHENBLEIBEN.
ESHANDELTSICHUMEINBESORGNISERREGENDESEREIGNIS.
ESGIBTNICHTSSCHÖNERESALSSCHLITTENFAHREN.
DUSOLLSTMICHNICHTIMMERDURCHEINANDERBRINGEN.
ICHWOLLTEDORTBLEIBEN, ABERESGINGNICHT.
ICHMÖCHTEMALEINENBEKANNTENKÜNSTERLERPERSÖNLICH-KENNENLERNEN.
JA, ICHKANNMASCHINESCHREIBEN.

✎ ______________________________________________

______________________________________________

______________________________________________

______________________________________________

______________________________________________

______________________________________________

## Schreibung mit Bindestrich – Regeln und Beispiele

| **Schreibung mit Bindestrich** ***Regeln*** | **Schreibung mit Bindestrich** ***Beispiele*** |
|---|---|
| Der **Bindestrich** wird zur **Vermeidung von Missverständnissen** verwendet. | **Drucker**-Zeugnis<br>aber **Druck-E**rzeugnis<br>**Musiker**-Leben<br>aber **Musik-Er**leben |
| Zur **Betonung** einzelner und unübersichtlicher Bestandteile in Zusammensetzungen **kann** man Bindestriche verwenden. | der **dass-S**atz,<br>die **Ich-E**rzählung |
| Beim **Zusammentreffen** von **drei gleichen Buchstaben kann** der Bindestrich zur Verdeutlichung der Sinneinheiten verwendet werden. | Kaff**ee-E**rsatz,<br>Hawa**ii-I**nseln,<br>Be**tt-T**uch |

| **Schreibung mit Bindestrich** *Regeln* | **Schreibung mit Bindestrich** *Beispiele* |
|---|---|
| Substantivisch gebrauchte **Zusammensetzungen** werden mit Bindestrichen besonders bei mehr als zwei Bestandteilen geschrieben. | das Entweder**-**oder,<br>das Sowohl**-**als**-**auch,<br>das Make**-**up,<br>das Rooming**-**in,<br>das Auf**-**die**-**lange**-**Bank**-**schieben |
| **Vor Suffixe** setzt man nur dann einen Bindestrich, wenn sie mit einem Einzelbuchstaben verbunden werden. | zum **x-ten** Mal<br><br>**Aber**: der 68er |
| Zusammensetzungen von **Wörtern mit Ziffern** werden durch einen **Bindestrich** getrennt. | **3-**Tonner,<br>**17-**jährig,<br>der **17-**Jährige,<br>**2/3-**Mehrheit,<br>**30-**prozentig |
| Alle anderen Zusammensetzungen mit Zahlen oder mehreren Buchstaben werden ohne Bindestrich geschrieben. | der 68er, ein 32stel, 100%ig,<br>das 10fache,<br>der FDPler |

## Schreibung mit Bindestrich – Übungen

**Regeln auf Seite: 40–41**
**Lösungen auf Seite: 147**

1. Ergänze die Sätze. Verwandele dazu die Angaben in Klammern in eine **Bindestrich-Konstruktion.**

   **Beispiel**:
   Ein ____________ rumpelte über die Brücke. (Lastwagen, der 3 t wiegt)
   Ein **3-Tonner** rumpelte über die Brücke.

   Sie war mit einem ______________ befreundet. (Junge, der 18 Jahre alt ist)

   Es kommt ______________________ zu einer Katastrophe. (garantiert, ganz sicher; formuliere als Prozentangabe)

   An meinem Geburtstag werde ich eine ___________________ Party feiern. (Party, die 2 Tage dauert)

2. Hier gibt es **Missverständnisse,** die du durch Einsetzen von Bindestrichen **vermeiden** kannst.
   Er hatte seine Lehrzeit beendet und bekam nun sein (DRUCKERZEUGNIS) ____________________________.

   Er konnte auf ein langes (MUSIKERLEBEN) _________________________ zurückblicken.

   Unsere Firma ist auf die Herstellung erstklassiger (DRUCKERZEUGNISSE) ___________________________ spezialisiert.

3. Was gehört zusammen? Bilde sinnvolle Verbindungen mit Bindestrich.

| | | |
|---|---|---|
| ~~A~~ | Punkt | **A-Dur** |
| b | Kurve | |
| i | ~~Dur~~ | |
| S | beinig | |
| s | Shirt | |
| T | Moll | |
| x | laut | |

# Worttrennung am Zeilenende – Regeln und Beispiele

| **Worttrennung am Zeilenende**<br>***Regeln*** | **Worttrennung am Zeilenende**<br>***Beispiele*** |
|---|---|
| Wörter werden **nach Silben,** die sich beim langsamen Sprechen ergeben, **getrennt.** Ein einzeln zwischen Vokalen stehender Konsonant kommt bei der Trennung auf die neue Zeile. | El-tern,<br>Drit-tel,<br>**U-**fer,<br>**O-**fen |
| Die alte Regelung „Trenne nie st ...“ entfällt | Fen**s-t**er,<br>sech**s-t**e |
| **Zusammengesetzte Wörter** und **Wörter mit Präfix** (Vorsilbe), trennt man zwischen den einzelnen Sinneinheiten.<br>Dabei sollen sinnvolle Wortteile erhalten bleiben. | Hei**m-w**eg, Schu**l-h**of, En**t-w**urf,<br>E**r-t**rag, Ve**r-l**ust<br><br>**See-u**fer (**nicht** Seeu-fer),<br>**Spar-g**elder (**nicht** Spargel-der) |

| **Worttrennung am Zeilenende** *Regeln* | **Worttrennung am Zeilenende** *Beispiele* |
|---|---|
| Buchstabenverbindungen, die gesprochen nur einen Laut ergeben **(ch, sch, ph, rh, sh, ck und th),** werden **nicht getrennt.** | la-**ch**en,<br>bli-**ck**en,<br>Zu-**ck**er,<br>Ste-**ph**an,<br>wa-**sch**en,<br>Goe-**th**e |
| Wortbestandteile deren Herkunft nicht mehr klar erkennbar ist, können in Zusammensetzungen unterschiedlich getrennt werden. | hi-**n**auf/hi**n**-auf, he-**r**an/her-an, wa-**r**um/wa**r**-um, ei-**n**an-der/ei**n**-an-der, in-te-**r**es-sant/in-te**r**-es-sant, Pä-**d**a-go-gik/Pä**d**-a-go-gik |

# Worttrennung am Zeilenende – Übungen

**Regeln auf Seite: 43–44**
**Lösungen auf Seite: 148–149**

1. Gib durch senkrechte Striche an, wo die folgenden **Wörter getrennt** werden können.

   **El | tern** ■ Drittel ■ beißen ■ Armut ■ Karpfen ■ dunkel ■ Training ■ Museum ■ europäische ■ traurig ■ Bindestrich ■ Auge ■ Gesellschaft

2. Füge die **passenden Silben zu Wörtern** zusammen, die du dann, richtig getrennt, in die Schreibzeile schreibst. Die falschen Silben sollen durchgestrichen werden.

| **Beispiel** | | | | | | |
|---|---|---|---|---|---|---|
| A | ~~Ab~~ | ~~Abent~~ | ben | teu | er | *A-ben-teu-er* |

| | | | | | | |
|---|---|---|---|---|---|---|
| A | Aber | Aberg | ber | glau | be | ______ |
| Schau | fen | fens | fenst | er | ter | ______ |
| Wü | Wüs | Wüst | ste | te | w | ______ |
| Hu | Hus | Hust | sten | ten | saft | ______ |

3. Füge die **getrennten Wortteile zusammen** und markiere durch Trennungsstriche die Stellen, an denen getrennt werden kann.

| | | | | | | |
|---|---|---|---|---|---|---|
| ~~A~~ | fer | e | O | eu | a | ben |
| fen | ben | ~~bend~~ | cho | o | ro | o |
| sche | U | E | pä | ber | der | i |

✎ **A-bend /** ______

______

______

4. Gib durch senkrechte Striche an, wo die folgenden Wörter getrennt werden können.

   **la | chen** ■ hacken ■ waschen ■ Zucker ■ Strophe ■ wahrscheinlich ■ Wache ■ Bäcker ■ dreschen ■ erschrecken ■ Masche ■ überraschen ■ Zacken

5. Diese Wörter können **unterschiedlich getrennt** werden.

   **Beispiel**

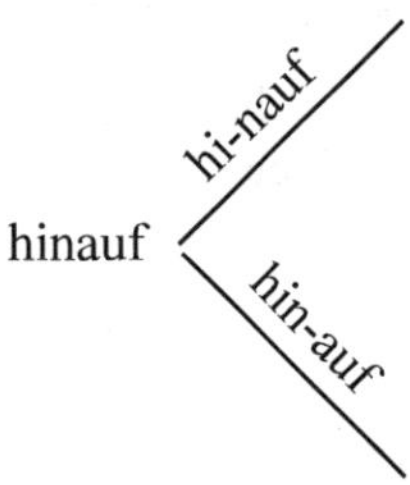


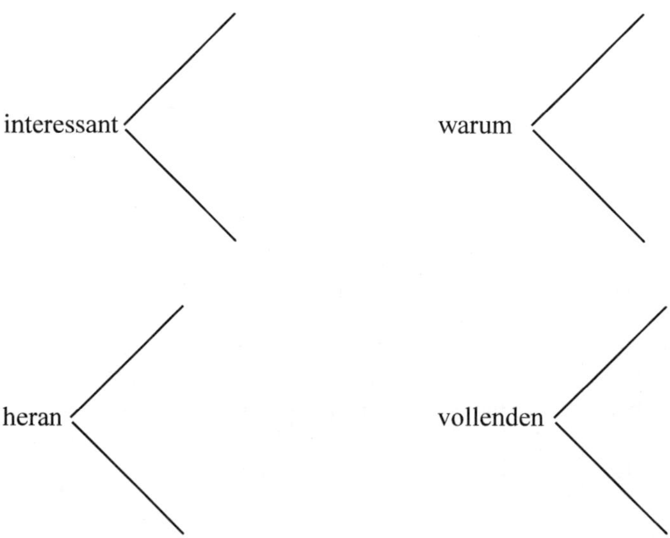

# Zeichensetzung – Regeln und Beispiele

| **Zeichensetzung: Komma**<br>***Regeln*** | **Zeichensetzung: Komma**<br>***Beispiele*** |
|---|---|
| **Nebensätze** trennt man vom Hauptsatz durch ein Komma ab. Wenn er in den Hauptsatz eingeschoben wurde, wird der Nebensatz am Anfang und am Ende abgegrenzt. | Als wir vom Turnunterricht kamen**,** war es schon spät.<br>Als er sich niederbeugte**,** weil er die Kreide aufheben wollte**,** stieß er mit dem Kopf an die Tafel. |
| Zur **Verdeutlichung der Gliederung** eines Ganzsatzes und dessen Sinn **kann** ein Komma gesetzt werden. | Er suchte**(,)** den Stadtplan in der Hand**(,)** ein Straßenschild. |
| Bei **Aufzählungen** werden gleichrangige Wörter, Wortgruppen oder Teilsätze mit Komma abgegrenzt. | Das ist ein besonderes süßes**,** klebriges Getränk.<br>Sehr müde**,** hungrig und frierend**,** vom Regen durchnässt kam er nach Hause.<br>Ist das nicht prima**,** ist das nicht ein Glücksfall? |

| **Zeichensetzung: Komma** *Regeln* | **Zeichensetzung: Komma** *Beispiele* |
|---|---|
| Folgende Wörter werden ohne Komma verwendet: **und, oder, beziehungsweise** (bzw.), **sowie, wie, entweder ... oder, nicht ... noch, sowohl ... als** (auch), **sowohl ... wie** (auch), **weder ... noch**. | Er reist mit Flugzeug **wie** mit der Eisenbahn.<br>Er bleibt zwei Wochen **sowohl** bei gutem **als auch** bei schlechtem Wetter.<br>Er ist **weder** dumm **noch** faul. |
| Zur Verdeutlichung der Gliederung eines Satzes **kann** bei **und/oder** jedoch ein Komma gesetzt werden. | Es kam häufig vor, dass er sie besuchte(,) und dass sie bis spät in die Nacht diskutierten. |
| **Bei erweiterten Infinitiv- und Partizipgruppen kann** das Komma entfallen. | Er ist bereit(,) seine Hausaufgaben zu machen. |
| Ein Komma wird bei **Infinitiv- oder Partizipgruppen nur dann** gesetzt, wenn sie durch eine hinweisende Wortgruppe angekündigt werden oder wenn eine hinweisende Wortgruppe wieder aufgenommen wird. | Darüber**,** bald zu einem Erfolg zu kommen**,** dachte sie lange nach.<br>Bald zu einem Erfolg zu kommen**, das** war ihr sehnlichster Wunsch. |

| **Zeichensetzung: Komma**<br>***Regeln*** | **Zeichensetzung: Komma**<br>***Beispiele*** |
|---|---|
| Ebenso wird ein Komma bei **Infinitiv- oder Partizipgruppen** gesetzt, wenn sie aus der üblichen Satzstruktur herausfallen. | Sie**,** um bald zu einem Erfolg zu kommen**,** schritt alsbald zur Tat. |
| In **formelhaften Nebensätzen kann** das Komma entfallen. | Ich komme(**,**) wenn nötig(**,**) bei dir noch vorbei.<br>Wie bereits gesagt(**,**) verhält sich die Sache anders. |

| **Zeichensetzung: Wörtliche Rede**<br>***Regeln*** | **Zeichensetzung: Wörtliche Rede**<br>***Beispiele*** |
|---|---|
| Soll etwas **wörtlich wiedergegeben** werden, so **muss** man es zwischen zwei Anführungszeichen setzen. | „Kommst du morgen?“, fragte sie. |

| **Zeichensetzung: Wörtliche Rede** ***Regeln*** | **Zeichensetzung: Wörtliche Rede** ***Beispiele*** |
|---|---|
| **Folgt** nach der wörtlichen Rede der **Begleitsatz,** so **muss** man nach dem abschließenden Anführungszeichen ein Komma setzen. | „Kommst du morgen?**“,** fragte sie. „Das war also mein Wochenende!**“,** sagte Moritz. |
| Ist der **Begleitsatz** in die wörtliche Rede **eingeschoben,** so **muss** er mit zwei Kommas eingeschlosssen werden. | **„**Ich werde**“,** erklärte er**, „**bald wiederkommen.**“** **„**Können Sie wirklich**“,** fragte sie**, „**morgen nicht kommen?**“** |
| **Satzzeichen,** die zur wörtlichen Rede gehören, **werden innerhalb der Anführungszeichen** gesetzt. | „Dass ich immer arbeiten muss, will ich nicht einsehen**!**“, seufzte Sophie. |

# Zeichensetzung – Übungen

**Regeln auf Seite: 47–50**
**Lösungen auf Seite: 150**

1. In die folgenden Satzgefüge müssen **Kommas eingesetzt** werden.

| |
|---|
| Das Haus das auf dem Berg liegt gefällt mir gesonders gut.<br>Gestern war er nicht in der Schule weil er krank war.<br>Ich finde es schön dass du doch noch gekommen bist.<br>Die Tür die zum Hof hinausführt klemmt |

2. Forme die folgenden Aufzählungen **in Sätze** um.

| Mitzubringen sind | *Mitzubringen sind Regenbekleidung,* |
|---|---|
| Regenbekleidung<br>feste Schuhe<br>ein Rucksack<br>Wäsche zum Wechseln<br>Verpflegung | |

| Mögliche Probleme | |
|---|---|
| Müdigkeit<br>fehlende Routine<br>falsche Ausrüstung<br>schlechtes Wetter<br>ungenügende Vorbereitung | |

3. **Trage** in den folgenden Dialog die notwendigen **Satzzeichen ein** – auch die Anführungszeichen.

Hanna sagt Dietz spiel doch mit mir

Nein sagt Hanna Ich mag jetzt nicht

Hanna ruft Dietz bei dem roten Auto ist ein Rad ab
Kannst du das wieder dranmachen

Nein sagt Hanna Jetzt lass mich endlich in Ruhe

## 2. Teil:
## Minutendiktate und Rechtschreibrätsel

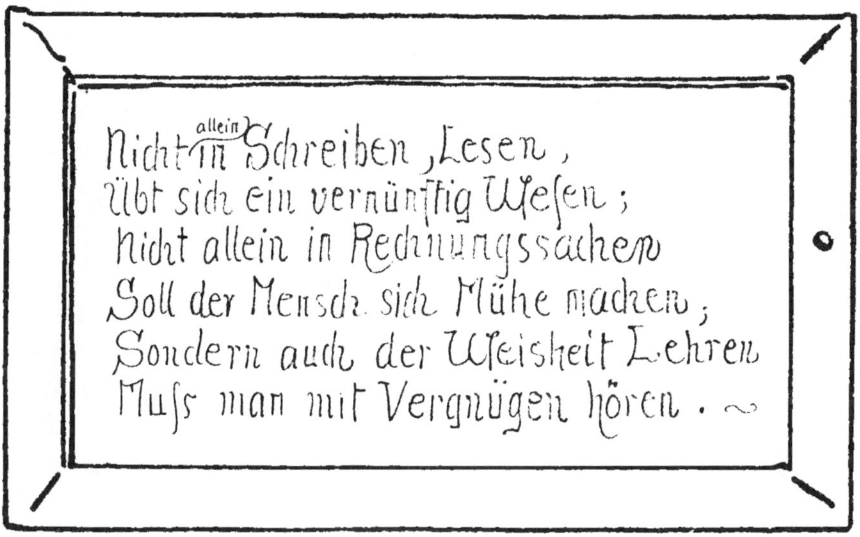


Handschrift: Wilhelm Busch; Rechtschreibung von 1864

# Hinweise zur Arbeit mit den Minutendiktaten

**Minutendiktate** sind kurze Texte, die in ganz wenigen Minuten gelesen, diktiert, geschrieben und verbessert werden können. Die Arbeit nimmt also nicht viel Zeit in Anspruch, sie soll Spaß machen und – fast nebenbei – auch noch deine Sicherheit beim Rechtschreiben vergrößern. Da man Fehler, die gar nicht erst gemacht werden, auch nicht verbessern muss (wodurch nochmals Zeit gespart wird), soll vor dem Diktat als Übung noch ein **Rechtschreibrätsel** bearbeitet werden.

Die folgenden **Arbeitsschritte** werden vorgeschlagen:

1. **Schritt: Lesen**
   Du liest den Text.

2. **Schritt: Unterstreichen**
   Du vergleichst die bei jedem Minutendiktat angegebenen Trainingsschwerpunkte mit dem Text. Unterstreiche die schwierigen Wörter im Text mit Farbe.

3. **Schritt: Übung durch Rechtschreibrätsel**
   Bei den meisten Rätseln müssen Wörter aus dem Minutendiktat in vorgegebene Kästchen eingesetzt werden. Als Hilfen sind einige Buchstaben der gesuchten Rätselwörter angegeben.

   **Beispiel**:

| | | | | | | | | | | | | |
|---|---|---|---|---|---|---|---|---|---|---|---|---|
| | i | | | | | n | | | | t | | |

   Eingesetzt werden müsste hier das Wort „Minutendiktat".

   Einige Buchstaben der Rätselwörter werden besonders hervorgeghoben: Einzelne Kästchen können grau unterlegt sein.

   **Beispiel**:

| | | | | | | | | | | | | |
|---|---|---|---|---|---|---|---|---|---|---|---|---|
| | i | | | | | | d | | | t | | |

   Oder ihre Stellung im Wort wird durch Zahlen in Klammern angegeben.

   Wenn man diese besonders hervorgehobenen Buchstaben in der richtigen Reihenfolge anordnet, ergibt sich ein Lösungswort. Bei besonders schwierigen Lösungswörtern helfen kleine Ziffern in den Kästchen bei der richtigen Anordnung der Buchstaben. Dabei ist immer darauf zu achten, ob das Lösungswort groß oder klein geschrieben werden muss.

4. **Schritt: Diktat**
   Der Text wird in der Schule durch den Banknachbarn, sonst durch Freunde, Eltern oder Geschwister **diktiert** und in ein Heft **geschrieben**.

5. **Schritt: Fehler suchen**
   Anschließend muss sehr genau **mit der Textvorlage verglichen** werden. Jedes falsch geschriebene Wort wird mit Lineal und Farbe **unterstrichen**.

6. **Schritt: Fehler verbessern**
   Das falsch geschriebene Wort musst du nun im Text **suchen** und dort ebenfalls **unterstreichen**. Abschließend wirst du das Wort richtig ins Heft **schreiben**, und zwar unter den Text des Diktates. Ganz Fleißige schreiben zu der im Text verwendeten Form des Wortes auch noch die Grundform, bei Substantiven mit dem entsprechenden Artikel.

   **Beispiel:**
   einzusammeln (= Form, die im Text verwendet wird)
   einsammeln (= Grundform)
   Rätsels (= Form, die im Text verwendet wird)
   das Rätsel (= Grundform)

   Dein Lehrer oder deine Lehrerin können dir noch andere Möglichkeiten der Fehlerverbesserung erklären (z. B. mit der Rechtschreibkartei).

## Weitere Möglichkeiten der Arbeit mit Minutendiktaten

1. Schreibe den Text in dein Übungsheft.
2. Unterstreiche unbekannte Wörter mit Farbe.
3. Unterstreiche Wörter, die dir besonders schwierig erscheinen, mit einer anderen Farbe.
4. Schreibe alle unterstrichenen Wörter in der Grundform auf.
5. Lege dir Tabellen an, in die du Wörter aus dem Text einträgst.
   Diese Tabellen könnten so aussehen:

| **Wortarten** | | | |
|---|---|---|---|
| **Substantive** | **Adjektive** | **Verben** | **...** |
| das Kloster | schön | stricken | |
| | | | |

| **Wörter mit doppelten Konsonanten** | | | |
|---|---|---|---|
| **tt** | **ss** | **pp** | **...** |
| er ha**tt**e | das Wa**ss**er | die Pa**pp**e | |
| | | | |

| **Dehnung** | | | |
|---|---|---|---|
| **Dehnung durch ie** | **Dehnung durch h** | **Dehnung durch doppelte Vokale** | **Dehnung ohne Dehnungszeichen** |
| B**ie**r | er na**h**m | der Z**oo** | d**i**r |
| | | | |

6. Stelle kurze Fragen zum Text, die du auch selbst beantworten kannst.
7. Fasse den Text in ein bis zwei Sätzen zusammen.
8. Übe schwierige Wörter des Textes mit einem „Knickblatt“.

## Knickblatt

- Nimm ein DIN-A4-Blatt und beschrifte es quer nach folgendem Muster:

| 1 | 2 | 3 | 4 |
|---|---|---|---|
| | | | |

- Schreibe alle schwierigen Wörter der Reihe nach in die linke Spalte.
- Falte das Blatt so, dass Spalte 1 nicht mehr zu sehen ist.
- Lass dir nun die Wörter diktieren und schreibe sie in die 2. Spalte.
- Falte Spalte 1 wieder auf, kontrolliere sorgfältig und streiche deine Fehler an.
- Schreibe die Wörter, bei denen du Fehler gemacht hast, richtig in die 3. Spalte.
- Nun knick das Blatt nach Spalte 3 und lass dir nochmals die Wörter diktieren, die du noch nicht richtig geschrieben hattest.

**Beispiel:**

| **1** | **2** | **3** | **4** |
|---|---|---|---|
| *Orden* | *Orden* | | |
| *gestürzt* | *gestürtzt* | *gestürzt* | |
| *gebissen* | *gebißen* | *gebissen* | |
| | | | |

- Ein Knickblatt kann auch zur Verbesserung von Fehlern verwendet werden. Alle Fehler, die bei einem Diktat gemacht wurden, werden in Spalte 1 eingetragen. Dann geht es so weiter, wie es oben beschrieben wurde.

## Katze macht Faxen *Nr. 1*

Innerhalb einer viertel Stunde gingen bei der Lübecker Polizei 16 Anrufe ein, bei denen jedes Mal nur ein Faxsignal zu hören war. Die entnervten Beamten machten die Adresse der Anruferin ausfindig und entdeckten eine Katze, die es sich auf dem Faxgerät ihrer Besitzerin bequem gemacht hatte. Offenbar war das schlummernde Tier immer wieder auf die Wahltaste für den Polizeinotruf gekommen. Von einer Strafanzeige gegen die Katze will die Polizei absehen.

69 Wörter

**Trainingsschwerpunkte:** Groß- und Kleinschreibung, Verdoppelung von Konsonanten.
**Quelle:** Nach *Süddeutsche Zeitung* vom 3.6.1996, S. 10.

Die markierten Buchstaben der Rätselwörter ergeben den Namen des Meeres, in dessen Nähe Lübeck liegt. Der erste Buchstabe muss natürlich groß geschrieben werden.

| | | | | | | | | | | | |
|---|---|---|---|---|---|---|---|---|---|---|---|
| | | r | | s | | | | | | | |
| | ü | | | | k | | | | | | |
| | | n | | | h | | | | | | |
| | | | n | | | v | | | | | |
| | | | e | | | a | | | | | |
| | | | l | | | m | | | | d | |

**Lösungswort:**

| | | | | | |
|---|---|---|---|---|---|
| | | | | | |

## Gockel ruiniert Besitzerin

*Nr. 2*

Corky, Großbritanniens berühmtester Hahn, hat seine Besitzerin ruiniert. Sie muss nach zahlreichen Prozessen nun die Gerichtskosten in Höhe von 70.000 Mark tragen und ist zahlungsunfähig. John Ritchings, Corkys größter Kontrahent, liegt seit 1991 mit seiner Nachbarin im Clinch. Er hatte sie erfolglos darum gebeten, ihrem Hahn die nächtlichen Weckrufe um drei Uhr abzugewöhnen. Der Prozess hat die Nation gespalten. Für die einen ist Corky eine „Katastrophe der Nachbarschaft“, für andere ein Symbol des ländlichen Lebens. Jetzt wird Corky auf eine Farm „ausgewiesen“.

82 Wörter

**Anmerkung:** Anzugeben sind die Wörter *John Ritchings* und *Corky*.
**Trainingsschwerpunkte:** Groß- und Kleinschreibung, Schreibung von Fremdwörtern, Dehnung durch ie und h.
**Quelle:** Nach *Süddeutsche Zeitung* vom 19.8.1994, S. 10.

Wenn du die markierten Buchstaben in die richtige Reihenfolge bringst, erfährst du, in welchem Land es zuerst Haushühner gegeben hat. Der erste Buchstabe muss natürlich groß geschrieben werden.

| | | | | | | | | | | | | | | |
|---|---|---|---|---|---|---|---|---|---|---|---|---|---|---|
| | a | | l | | | | s | | | f | | | | |
| | u | | | | | | t |
| | | n | | | i | | | | |
| | | | t | | | h | | | |
| | a | | | s | | | | p | | |

**Lösungswort:**

| | | | | | |
|---|---|---|---|---|---|
| | | | | | |

## Kuh im Swimmingpool *Nr. 3*

Die plötzliche Badelust einer Kuh hat einem Grundstücksbesitzer im sächsischen Bannewitz einen Schaden von mehr als 30.000 Mark eingebracht. Nach Angaben der Dresdner Polizei trabte das Tier in der Nacht von seiner Koppel auf ein benachbartes Grundstück und stürzte dort in ein Schwimmbecken. Die Kuh, von der Feuerwehr aus dem Wasser gehievt, blieb unverletzt, aber der Pool hat die Badeaktion nicht heil überstanden.

63 Wörter

**Anmerkung:** Anzugeben ist das Wort *Bannewitz.*
**Trainingsschwerpunkte:** Groß- und Kleinschreibung, Dehnung durch h und ie, Wörter mit tz .
**Quelle:** *Süddeutsche Zeitung* vom 8.10.1996, S. 12.

Wenn du die Buchstaben in die richtige Reihenfolge bringst, ergibt sich die Bezeichnung für die *Bäderkunde*, das heißt, für die Lehre von der medizinischen Wirkung und Anwendung des Wassers. Aber davon hat die Kuh sicher nichts gewusst.

| | | | | | | | | | | | |
|---|---|---|---|---|---|---|---|---|---|---|---|
| | 10 | e | | | | | | | | | |
| | 8 | o | 3 | | | | | | | | |
| | t | | r | | | 5 | | | | | |
| | 6 | p | | e | 7 | | | | | | |
| | | n | 9 | | | r | 2 | | h | | |
| | 11 | u | | | | | h | | | | |
| | r | | 4 | d | | | | c | | | – |
| | | | | 1 | e | | i | | | e | |

**Lösungswort:**

| | | | | | | | | | | |
|---|---|---|---|---|---|---|---|---|---|---|

## Tapferkeitsorden für australischen Hund *Nr. 4*

In der australischen Hauptstadt Sydney soll der Terrier Fizo mit einem Orden ausgezeichnet werden, weil er drei Kinder vor einer giftigen Schlange gerettet hat. Der Hund war von einem Balkon gesprungen und hatte sich auf die 1,5 Meter lange Schlange gestürzt, die ein neunjähriges Kind und dessen Spielkameraden angreifen wollte. Obwohl er mehrmals gebissen wurde, hielt Fizo das Reptil mit seiner Schnauze fest, bis es tot war. Anschließend brach er zusammen und musste in einer Tierklinik behandelt werden.

78 Wörter

**Anmerkung:** Anzugeben sind die Wörter *Sydney* und *Fizo*.
**Trainingsschwerpunkte:** Groß- und Kleinschreibung, Verdoppelung von Konsonanten, Komma.
**Quelle:** Süddeutsche Zeitung vom 26.9.1996, S. 12.

Die markierten Buchstaben der Rätselwörter ergeben die Bezeichnung für die Medizin, mit der Fizo in der Tierklinik behandelt wurde.

| | | | | | | | | | | | |
|---|---|---|---|---|---|---|---|---|---|---|---|
| | | s | | | l | | e | | | | |
| | | r | | | e | | | | | | |
| | | | t | | | e | | | | | |
| | | | n | | ä | | | i | | | |
| | | r | | | | e | | | | | |
| | | p | | i | | | | | | | |
| | | e | | | l | | | i | | | |
| | | b | | | s | | | | | | |

**Lösungswort:**

Fizo wurde mit einem

| | | | | | | | | |
|---|---|---|---|---|---|---|---|---|
| | | | | | | | | |

behandelt.

## Hängebauchschwein entrinnt dem Schlachtbeil *Nr. 5*

Ein ausgebüxtes Hängebauchschwein aus Bremen muss das Schlachtbeil nicht mehr fürchten. Wie die Polizei mitteilte, ist der kleine Eber, der kurz vor dem Transport zum Schlachthof aus seinem Gehege geflüchtet war, freiwillig zurückgekehrt. Zusammen mit vier Artgenossen sollte er zur Selbstversorgung eines Vereins ehemaliger Drogenabhängiger beitragen. „Wahrscheinlich hat er gewusst, dass der geschlachtet werden sollte", vermutet sein Pfleger. Während seine Artgenossen verspeist werden, darf der Flüchtling jetzt seinen Lebensabend in Bremen verbringen. Schwein gehabt.

74 Wörter

**Trainingsschwerpunkte:** Groß- und Kleinschreibung, zusammengesetzte Substantive, Verdoppelung von Konsonanten, Satzzeichen.
**Quelle:** *Süddeutsche Zeitung* vom 3.8.1994, S. 10.

Die markierten Buchstaben der Wörter ergeben einen Oberbegriff für die Tiere, die wie die Schweine einen umfangreichen „Speiseplan" aufweisen.

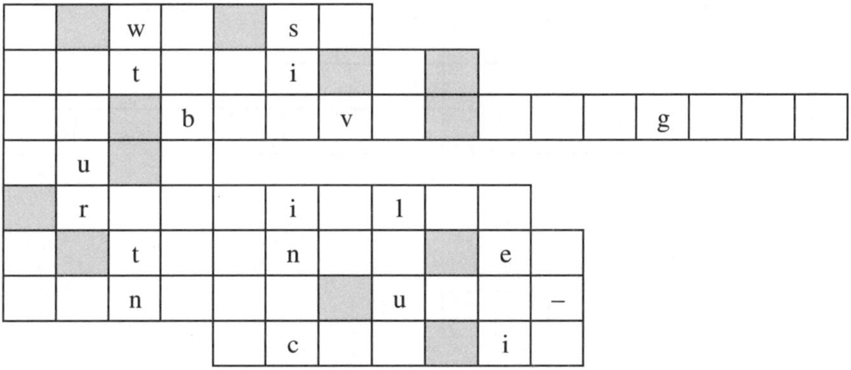

**Lösungswort:**

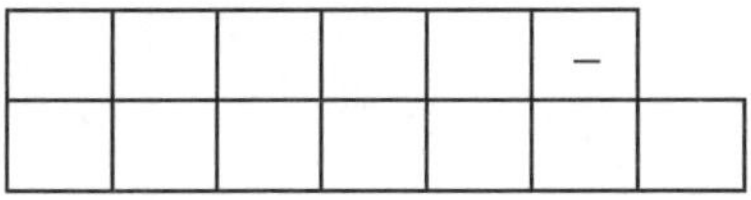

## Rennschwein Rudi Rüssel gestorben (1) *Nr. 6*

Nach Angaben von Tierschützern ist „Rennschwein Rudi Rüssel“ bei den Dreharbeiten zu dem gleichnamigen Kinderfilm umgekommen. Wegen des Todes des Schweines und des Verstoßes gegen das Tierschutzgesetz will nun der Deutsche Tierschutzbund den Trainer des Tieres und die Filmproduktionsgesellschaft anzeigen.

40 Wörter

**Trainingsschwerpunkte:** Groß- und Kleinschreibung, Verdoppelung von Konsonanten.
**Quelle:** Nach *Süddeutsche Zeitung* vom 10.10.1996, S. 12.

Durch die markierten Buchstaben der Rätselwörter erfährst du den Namen des Autors, der das Buch „Rennschwein Rudi Rüssel“ geschrieben hat.

| | | | | | | | | | | | | | | | |
|---|---|---|---|---|---|---|---|---|---|---|---|---|---|---|---|
| | | e | | | | n | | m | | | | | | | |
| | | | r | | | | ü | | | | r | | | | |
| | m | | | | o | | | | | | | | | | |
| | | n | | s | | | | | i | | | | | | |
| | | | s | | o | | | | | | | | | | |
| | | e | | s | | | | t | | | | | e | | |

**Lösungswort:**

Der Autor heißt

## Rennschwein Rudi Rüssel gestorben (2) *Nr. 7*

Der erfolgreiche Film „Rennschwein Rudi Rüssel“ stützt sich auf das gleichnamige Kinderbuch von Uwe Timm. Bei den Dreharbeiten wurden insgesamt sieben Schweine eingesetzt. Eines davon soll mindestens fünf Flaschen Bier zu saufen bekommen haben, damit es, wie im Drehbuch gefordert, torkelt. Nachdem das Tier auch noch Flüssigkeit aus einer Spritze erhalten habe, sei es tot umgefallen, wurde unter Berufung auf Augenzeugen berichtet.

62 Wörter

**Trainingsschwerpunkte:** Groß- und Kleinschreibung, Verdoppelung von Konsonanten, Dehnung durch ie und h, ähnlich klingende Konsonanten.
**Quelle:** Nach *Süddeutsche Zeitung* vom 10.10.1996, S. 12.
**Literaturhinweise:** *Uwe Timm*: Rennschwein Rudi Rüssel. Zürich: Nagel & Kimche 1989. Taschenbuch: München, Deutscher Taschenbuch Verlag, 1993.

Die markierten Buchstaben der Rätselwörter ergeben den Namen einer Delikatesse, für deren Suche im Boden man Schweine einsetzen kann.

| | | | | | | | | | | | |
|---|---|---|---|---|---|---|---|---|---|---|---|
| | | s | | e | | | | | | | |
| | | e | | | | b | | | | e | |
| | | | i | | | n | | | | g | |
| | o | | | | l | | | | | | |
| | a | | | e | | | | | | | |
| | | ü | | | | g | | | i | | |

**Lösungswort:**

| | | | | | | |
|---|---|---|---|---|---|---|
| | | | | | | |

## Zirkusschwein beschäftigt Richter *Nr. 8*

Der Heißhunger eines reisenden Zirkusschweins ist nach einem Urteil des Oberlandesgerichts Düsseldorf ein Risikofaktor, der zu Lasten des Transportunternehmens geht. Ein Transportunternehmen hatte dreimal Tiere des Moskauer Staatszirkus transportiert. Jedesmal fraß das Schwein den Fahrzeugboden durch, obwohl man versucht hatte, seinen Appetit durch Spanplatten zu zügeln. In der Urteilsbegründung heißt es, die verklagte Spedition habe beim ersten Transport von dem Zirkusschwein nichts gewusst, dann aber sei der Kläger hinreichend vorgewarnt gewesen.

71 Wörter

**Trainingsschwerpunkte:** Groß- und Kleinschreibung, zusammengesetzte Substantive, Verdoppelung von Konsonanten.
**Quelle:** *Süddeutsche Zeitung* vom 3.8.1994, S. 10.

Wenn du die markierten Buchstaben der gesuchten Wörter in der richtigen Reihenfolge anordnest, so erhältst du den Namen einer gefährlichen Viruserkrankung, von der Schweine aus Massentierhaltung leicht befallen werden.

| | | | | | | | | | | | | | | | | |
|---|---|---|---|---|---|---|---|---|---|---|---|---|---|---|---|---|
| | | w | | | s | | | | | | | | | | | |
| | i | | | | | s | | | | | i | | | | | |
| | | | ß | | u | | | | | | | | | | | |
| | | a | | | l | | | | | | | | | | | |
| | | t | | | | | b | | | | | | d | | | |
| | r | | | | p | | | | u | | | | | – | | |
| | | | | | | | | | | h | | | | | | |

**Lösungswort:**

| | | | | | | | | |
|---|---|---|---|---|---|---|---|---|
| | | | | | | | | – |
| | | | | | | | | |

## Jäger mit Wildschwein verwechselt *Nr. 9*

Bei einer Wildschweinjagd in der Nähe des südwestfranzösischen Ortes Larroque-Toirachat hat ein 61-jähriger Franzose irrtümlich einen Jagdgefährten erschossen. Er habe den Jäger, der in einem Buschgelände Rehe aufspüren wollte, mit einem Wildschwein verwechselt. In Frankreich, wo die Jagd als nationale Leidenschaft gilt, sind seit Saisonbeginn schon mehrere Menschen bei Jagdunfällen ums Leben gekommen.

53 Wörter

**Anmerkung:** Anzugeben ist das Wort *Larroque-Toirachat.*
**Trainingsschwerpunkte:** Groß- und Kleinschreibung, zusammengesetzte Substantive, Verdoppelung von Konsonanten.
**Quelle:** *Süddeutsche Zeitung* vom 6.10.1994, S. 12.

Durch die markierten Buchstaben der Wörter erfährst du, wie man männliche Wildschweine nennen kann.

| | | | | | | | | | | | | | | |
|---|---|---|---|---|---|---|---|---|---|---|---|---|---|---|
| | | r | | ü | | ░ | | | | | | | | |
| | ░ | l | | | | | w | | | | j | | | |
| | | i | | | | b | ░ | | | | | | | |
| | ░ | s | | | o | | | | | | | | | |
| | r | | | ░ | r | | | | | | | | | |
| | | g | | | n | | | l | | ░ | | | | |

**Lösungswort:**

| | | | | | |
|---|---|---|---|---|---|
| | | | | | |

## Fische in der Wüste *Nr. 10*

Ein verblüffendes Phänomen verwirrt die Bewohner einer Wüstengegend in Australien. In Dunmarra, einem kleinen Nest 600 Kilometer vom Meer entfernt, tummeln sich seit einigen Tagen Hunderte von kleinen Fischen in Wasserpfützen. Sie leben seit vergangener Woche in den Pfützen, obwohl es weit und breit keinen See oder Fluss gibt. Eine Wissenschaftlerin hat mittlerweile das Rätsel aufgeklärt: Winzige Fischeier können von heftigen Windböen und Regenfällen über weite Strecken transportiert werden. Finden sie dann genügend Wasser vor, so entwickeln sie sich rasch weiter.

81 Wörter

**Anmerkung:** Anzugeben ist das Wort *Dunmarra.*
**Trainingsschwerpunkte:** Groß- und Kleinschreibung, Verdoppelung von Konsonanten.
**Quelle:** *Süddeutsche Zeitung* vom 2.3.1994, S. 14.

Wenn du die markierten Buchstaben der Rätselwörter in der richtigen Reihenfolge anordnest, ergibt sich der Name der größten Wüste der Welt.

| | | | | | | | | | | | | |
|---|---|---|---|---|---|---|---|---|---|---|---|---|
| | | s | | | | p | | | | | | |
| | | r | | | ü | | | | | d | | |
| | | r | | i | | | | | | | | |
| | | | n | | | | | t | | | r | |
| | | | s | | | | | | | | | |
| | i | | | | | s | | | a | | | – |
| | | | | | | | | | | | i | |

**Lösungswort:**

Die größte Wüste der Welt ist die

| | | | | | |
|---|---|---|---|---|---|
| | | | | | |

## Ein Farbfernseher für 10.000 tote Ratten *Nr. 11*

Mehr als eine Million Bengalen haben die Rattenjagd aufgenommen. Mit Hilfe von Katzen, Fallen und Gift versuchen sie einen Monat lang, die lästigen Nager zu bekämpfen. Die Ratten vernichten nach offiziellen Angaben rund ein Drittel der jährlichen Reis- und Weizenernte. Die Regierung in Dhaka hat auf die Rattenschwänze Prämien ausgesetzt: 10.000 Stück werden mit einem Farbfernseher vergolten – ein nahezu unbezahlbarer Luxusartikel in Bangladesch, das zu den ärmsten Ländern der Welt zählt.

72 Wörter

**Anmerkung:** Anzugeben sind die Wörter *Dhaka* und *Bangladesch.*
**Trainingsschwerpunkte:** Groß- und Kleinschreibung, zusammengesetzte Substantive, Verdoppelung von Konsonanten.
**Quelle:** *Süddeutsche Zeitung* vom 24.9.1996, S. 12.

Die markierten Buchstaben der Rätselwörter ergeben die Bezeichnung für ein großes Nachbarland von Bangladesch.

| | | | | | | | | | | | | | |
|---|---|---|---|---|---|---|---|---|---|---|---|---|---|
| | | f | | | | e | | | | | | | |
| | | t | | | | | a | | | | | | |
| | n | | | | a | | | | | r | | | |
| | | i | | | e | | | | | | | | |
| | | t | | | | s | | | | ä | | | |
| | | x | | | | | t | | | | | | |

**Lösungswort:**

Das große Nachbarland von Bangladesch ist

| | | | | | |
|---|---|---|---|---|---|
| | | | | | |

## Ratten gedeihen unter Polizeischutz *Nr. 12*

Die Versiegelung von Abfallkörben zum Schutz gegen Terroranschläge hat den Ratten von Paris ein Festessen beschert. Die Zeitung Le Figaro berichtete, täglich hätten sich etwa 70 Tonnen Müll neben den verschlossenen Behältern gehäuft und den Nagern ideale Brutbedingungen geboten. 1995 war in der französischen Metropole eine Serie von Sprengsätzen explodiert. Einige der Bomben waren in Abfalleimern deponiert worden. Aus Furcht vor weiteren Anschlägen hatte die Polizei die meisten der 26.000 Abfallbehälter in Paris versiegelt.

74 Wörter

**Anmerkung:** Anzugeben ist das Wort *Le Figaro.*
**Trainingsschwerpunkte:** Groß- und Kleinschreibung, zusammengesetzte Substantive, Verdoppelung von Konsonanten, ähnlich klingende Konsonanten.
**Quelle:** *Süddeutsche Zeitung* vom 11.10.1996, S. 12.

Die markierten Buchstaben der Rätselwörter ergeben den Namen einer meist tödlichen Krankheit, die indirekt durch Ratten übertragen werden kann.

| | | | | | | | | | | | | | | |
|---|---|---|---|---|---|---|---|---|---|---|---|---|---|---|
| | | r | | | g | | ä | | | | | | | |
| | | | a | | | k | | | | | | | | |
| | | | r | | | | n | | | | l | | | |
| | | r | | | | | o | | | | n | | | |
| | r | | | z | | | | | c | | | | | |
| | | h | | | f | | | | | | | | | |

**Lösungswort:**

| | | | | | | | | | |
|---|---|---|---|---|---|---|---|---|---|
| | | | | | | | | | |

## Indische Amsel narrt Polizei in Genua *Nr. 13*

Immer wieder hörte ein Angestellter im italienischen Genua eine verzweifelte Kinderstimme. Er folgte dem Hilferuf bis zu einer Wohnung im Stadtzentrum und alarmierte schließlich die Polizei. Die Beamten brachen die Tür auf. Doch drinnen fanden sie nur eine indische Amsel. Das stimmgewaltige Tier war zunächst erschrocken über den Besuch, aber dann fasste sich der Vogel wieder und schrie beim Anblick der Polizisten, wie er es gelernt hatte: „Mama, Mama, Hilfe!"

70 Wörter

**Trainingsschwerpunkte:** Groß- und Kleinschreibung, Verdoppelung von Konsonanten.
**Quelle:** *Süddeutsche Zeitung* vom 4.6.1996, S. 10.

Wenn du die markierten Buchstaben der Rätselwörter in der richtigen Reihenfolge anordnest, weißt du, wie man die Polizei in Italien nennt.

| | | | | | | | | | | | | | |
|---|---|---|---|---|---|---|---|---|---|---|---|---|---|
| | r | | | n | | | | | | | | | |
| | | | | i | | | i | | | | e | | |
| | | l | | | e | | | | | | | | |
| | | | m | | g | | | a | | | | | |
| | | s | | | e | | | | | | | | |
| | | s | | | r | | c | | | | | | |

**Lösungswort:**

| | | | | | | |
|---|---|---|---|---|---|---|
| | | | | | | |

## Ziegenbock narrt Polizei *Nr. 14*

Ein Ziegenbock hat mehr als sechs Stunden lang die Kölner Polizei genarrt, obwohl er sich an die Verkehrsregeln hielt. Im Polizeibericht heißt es: „In Höhe Ziergiebelstraße ist der Ziegenbock ordnungsgemäß links abgebogen. Dann haben wir ihn aus den Augen verloren." Aus einer Sackgasse gab es für den Bock kein Entrinnen mehr. Von zwei Streifenwagen eingekeilt, wurde er gefangen und ins Tierheim gebracht.

62 Wörter

**Trainingsschwerpunkte:** Groß- und Kleinschreibung, Dehnung durch ie, zusammengesetzte Substantive.
**Quelle:** *Süddeutsche Zeitung* vom 19.8.1994, S. 10.

Die markierten Buchstaben der Rätselwörter ergeben ein Wort, das *ein* äußeres Unterscheidungsmerkmal zwischen Ziegenbock und Ziege bezeichnet.

| | | | | | | | | | | | | | |
|---|---|---|---|---|---|---|---|---|---|---|---|---|---|
| | | e | | h | | | | | | | | | |
| | | e | | | n | | | c | | | | | |
| | | r | | | | | s | | | g | | | |
| | e | | | | r | | | | | | | | |
| | | d | | | | | s | | | | ä | | |
| | | | k | | | s | | | | | | | |

**Lösungswort:**

Ein Kennzeichen des männlichen Ziegenbocks ist der

| | | | | | | | |
|---|---|---|---|---|---|---|---|
| | | | | | | | |

## Wilde Affen erobern Delhi *Nr. 15*

Horden frei lebender Affen drangsalieren die Einwohner der indischen Hauptstadt Delhi. Die Tiere bevölkern nicht nur Straßen und Parks. Sie dringen auch in Häuser ein, beißen deren Bewohner und bedienen sich im Kühlschrank. Affen gelten in Indien als Inkarnation des Hindu-Gottes Hanuman. Deshalb wagt kaum jemand sie einzufangen oder gar zu töten.

51 Wörter

**Anmerkung:** Anzugeben sind die Wörter *Delhi* und *Hanuman*.
**Trainingsschwerpunkte:** Groß- und Kleinschreibung, Dehnung durch h und ie.
**Quelle:** *Süddeutsche Zeitung* vom 10.10.1996, S. 12.

Die markierten Buchstaben der Rätselwörter ergeben den Namen der Religion, die in Indien am weitesten verbreitet ist.

| | | | | | | | | | | | | |
|---|---|---|---|---|---|---|---|---|---|---|---|---|
| | | | a | | | a | | | o | | | |
| | | a | | | | a | | | e | | | |
| | | | i | | n | | | | | | | |
| | a | | | | | | | | | | | |
| | | | l | | c | | | | n | | | |
| | a | | | t | | | | d | | | | |

**Lösungswort:**

| | | | | | | | | | |
|---|---|---|---|---|---|---|---|---|---|
| | | | | | | | | | |

## Bissiges Raubtier fällt schlafendes Kind an *Nr. 16*

Ein schlafendes Kind wurde in seinem Bett von einem scharfzähnigen Frettchen angefallen und mit Bissen erheblich verletzt. Das Tier fügte dem dreijährigen Maximilian im Wohnhaus seiner Eltern Wunden im Gesicht, an Händen und Beinen zu. Die Eltern brachten ihn zur Notaufnahme ins Krankenhaus. Unklar ist noch, wie das Frettchen in das Haus eindringen konnte.

54 Wörter

**Trainingsschwerpunkte:** Groß- und Kleinschreibung, Verdopplung von Konsonanten.
**Quelle:** Nach *Süddeutsche Zeitung* vom 7.10.1996, S. 38.

Wenn du die fehlenden Buchstaben richtig eingesetzt hast und die in Klammern angegebenen Buchstaben in der richtigen Reihenfolge anordnest, erfährst du, wo das bissige Frettchen sein Unwesen trieb.

| | | | | | | | | | | | | | | | |
|---|---|---|---|---|---|---|---|---|---|---|---|---|---|---|---|
| crfaänin | s | | h | | | | z | | h | | | g | e | | (11) |
| rteneh | F | | | t | | c | | | | (9) | | | | | |
| Bse | | i | | s | | n | (1) | | | | | | | | |
| edgriär | | | e | | j | | h | | i | | | n | (10) | | |
| hnWas | | o | | | h | | u | | (6) | | | | | | |
| uheot | N | | | a | | f | n | a | | m | | (5) | | | |

**Lösungswort:**

Das bissige Frettchen trieb in

| | | | | | |
|---|---|---|---|---|---|
| | | | | | |

sein Unwesen.

## Drogenhund entdeckt tiefgefrorene Skorpione *Nr. 17*

Tausende eisgekühlte tote Skorpione haben Zollbeamte bei der Kontrolle eines Lieferwagens in Arizona gefunden. Ein Sprecher des Zolls sagte, die Beamten seien auf die merkwürdige Fracht aus Mexiko aufmerksam geworden, weil der Drogenhund angeschlagen habe. Die Skorpione sollten in Plastik eingegossen und zu Briefbeschwerern verarbeitet werden. Ob die Einfuhr toter Skorpione verboten sei, konnte der Zöllner nicht sagen. Diese Frage muss nun die Naturschutzbehörde klären.

65 Wörter

**Trainingsschwerpunkte:** Groß- und Kleinschreibung, Verdoppelung von Konsonanten.
**Quelle:** *Süddeutsche Zeitung* vom 21.10.1996, S. 12.

Die markierten Buchstaben der Rätselwörter ergeben eine weitere Bedeutung des Wortes „Skorpion“ in der Astronomie.

<table>
<tr><td></td><td style="background:#ccc"></td><td>e</td><td></td><td></td><td></td><td>w</td><td></td><td></td><td>e</td><td></td></tr>
<tr><td></td><td>i</td><td style="background:#ccc"></td><td></td><td></td><td>k</td><td></td><td></td><td>l</td><td style="background:#ccc"></td><td></td></tr>
<tr><td></td><td></td><td style="background:#ccc"></td><td>l</td><td></td><td></td><td>a</td><td></td><td></td><td style="background:#ccc"></td></tr>
<tr><td></td><td></td><td style="background:#ccc"></td><td>g</td><td></td><td></td><td></td><td>s</td><td></td><td></td><td></td></tr>
<tr><td style="background:#ccc"></td><td></td><td></td><td>g</td><td></td><td></td><td>h</td><td></td><td></td><td></td></tr>
<tr><td style="background:#ccc"></td><td></td><td>i</td><td></td><td></td><td>b</td><td></td><td></td><td></td><td></td><td>w</td><td></td><td style="background:#ccc"></td><td></td><td></td><td></td></tr>
</table>

**Lösungswort:**

„Skorpion“ ist die Bezeichnung für ein

| | | | | | | | | |
|---|---|---|---|---|---|---|---|---|

## Leguan aus Umhängetasche entwischt *Nr. 18*

Ein Leguan ist seiner Besitzerin beim Spaziergang durch Essen aus der Umhängetasche gesprungen und entwischt. Die Frau sei auf dem Weg zu ihrer Großmutter gewesen, als das Reptil türmte, heißt es im Polizeibericht. Die Frau verfüge aber in ihrer Wohnung über Möglichkeiten der artgerechten Unterbringung.

45 Wörter

**Trainingsschwerpunkte:** Groß- und Kleinschreibung, ähnlich klingende Konsonanten.
**Quelle:** *Süddeutsche Zeitung* vom 18.10.1996, S. 12.

Die markierten Buchstaben der Rätselwörter ergeben den Namen der Tierfamilie, zu der die Leguane gehören.

| | | | | | | | | | | | | | |
|---|---|---|---|---|---|---|---|---|---|---|---|---|---|
| | | | z | | | | g | | | | | | |
| | | t | | | | c | | | | | | | |
| | | p | | | | | | | | | | | |
| | | | | z | | | | e | | | | | |
| | | g | | | | | | | | | | | |

**Lösungswort:**

Der Leguan gehört zur Familie der

| | | | | | |
|---|---|---|---|---|---|
| | | | | | |

## Anwältin vertritt Gorilla *Nr. 19*

Der Gorilla Timmy aus dem Zoo von Cleveland kämpft dagegen, dass er von seiner Gefährtin Kate getrennt werden und sich im Zoo von New York mit einer ihm unbekannten Gorilla-Dame um Nachwuchs kümmern soll. Tierschützer haben nun eine Anwältin beauftragt, alle rechtlichen Schritte zu unternehmen, damit Timmy und Kate zusammenbleiben können. Der 33-jährige Tieflandgorilla hatte die Gegenwart von Artgenossen stets abgelehnt, bis er Gefallen an Kate fand. Seither, so die Zoowärter, schlafen die beiden eng umschlungen und sind untrennbar.

79 Wörter

**Anmerkung:** Anzugeben ist das Wort *Cleveland.*
**Trainingsschwerpunkte:** Groß- und Kleinschreibung, Verdoppelung von Konsonanten, Dehnung.
**Quelle:** *Süddeutsche Zeitung* vom 2./3.10.1991, S. 64.

Wenn du die fehlenden Buchstaben eingesetzt hast und die in Klammern angegebenen Buchstaben in der richtigen Reihenfolge anordnest, erfährst du, auf welchem Kontinent Gorillas von Natur aus beheimatet sind.

| | | | | | | | | | | | | |
|---|---|---|---|---|---|---|---|---|---|---|---|---|
| knbuannen | | | | e | | | | | t | | | (5) |
| laGio | | | r | | | l | | (4) | | | | |
| rbanuren | | | t | | | | n | | | | (9) | |
| enstrAeno | | | | g | | | | | s | | | (2) |
| fhrtGen | | | | ä | | | | i | | (3) | | |
| chcNswa | | | | h | | u | | | | (2) | | |

**Lösungswort:**

Der Kontinent heißt

| | | | | | |
|---|---|---|---|---|---|
| | | | | | |

## Ozonloch bedroht Frösche und Kröten *Nr. 20*

Die Ausdünnung der Ozonschicht und die damit verbundene erhöhte ultraviolette Strahlung gefährden den Fortbestand von Fröschen, Kröten und Salamandern. Wie eine jetzt veröffentlichte Studie zeigt, beeinträchtigen UV-Strahlen den Laich dieser Amphibien. Die Wissenschaftler weisen damit erstmals einen direkten Zusammenhang zwischen Ozonloch und der Bedrohung von Tierarten nach.

47 Wörter

**Trainingsschwerpunkte:** Groß- und Kleinschreibung, Verdoppelung von Konsonanten, Schreibung von Fremdwörtern, Dehnung durch h.
**Quelle:** *Süddeutsche Zeitung* vom 2.3.1994, S. 14.

Die markierten Buchstaben der Rätselwörter ergeben den Namen des Kontinents, über dem das Ozonloch in der Atmosphäre am größten ist.

| | | | | | | | | | | | | | | |
|---|---|---|---|---|---|---|---|---|---|---|---|---|---|---|
| | | | r | | | i | | | | t | | | | |
| | | | h | | | | e | | | | | | | |
| | | s | | | n | | | | | | | | | |
| | | | t | | n | | | | | | | | | |
| | | | ö | | | | | t | | | | | t | |
| | u | | | | | e | | | a | | | | | |

**Lösungswort:**

Das Ozonloch ist über der

| | | | | | | | | |
|---|---|---|---|---|---|---|---|---|
| | | | | | | | | |

am größten.

## Ein Viertel der Säugetiere vom Aussterben bedroht *Nr. 21*

Ein Viertel der Säugetiere und elf Prozent der Vögel sind vom Aussterben bedroht. Auf der aktuellen Roten Liste der bedrohten Tiere stehen 5.205 Säugetier- und Vogelarten. Bei den Säugetieren sind vor allem die Primaten bedroht, bei den Vögeln Rallen und Kraniche. Gefährlich werden den Tieren vor allem Jagd, Umweltverschmutzung und Zerstörung ihrer Lebensräume. Eine Tierart konnte von der Liste der bedrohten Tiere gestrichen werden: Das australische Beuteltier „Woylie“ wurde gerettet.

70 Wörter

**Anmerkung:** Anzugeben ist das Wort *Woylie*.
**Trainingsschwerpunkte:** Groß- und Kleinschreibung, Dehnung durch h und ie.
**Quelle:** *Süddeutsche Zeitung* vom 5./6.10.1996, S. 12.

Wenn du die fehlenden Buchstaben richtig eingesetzt hast und die in Klammern angegebenen Buchstaben in der richtigen Reihenfolge anordnest, ergibt sich der Name eines Säugetieres, das im Wasser lebt.

| | | | | | | | | | | | |
|---|---|---|---|---|---|---|---|---|---|---|---|
| debhone | | | | r | | | t | | | (3) | |
| lneukae | | | t | | | l | | | | (7) | |
| ägetSeer | | | u | | | | i | | | | (8) |
| hlrgfech | | | | ä | | | | i | | | (3) |
| ntaPir | | | | m | | | e | | (3) | | |
| senAurte | | | | s | | | | b | | | (10) |

**Lösungswort:**

| | | | | | |
|---|---|---|---|---|---|
| | | | | | |

## Kinder mit Haustieren lernen besser *Nr. 22*

Nach einer niederländischen Studie, bei der 700 Kinder im Alter zwischen acht und 13 Jahren befragt wurden, lernen Kinder besser, wenn sie ein enges Verhältnis zu ihrem Haustier haben. „Sie sind durchschnittlich intelligenter und seltener depressiv und aggressiv", sagte die Leiterin der Untersuchung von der Fakultät für Tiermedizin der Universität Utrecht.

51 Wörter

**Trainingsschwerpunkte:** Groß- und Kleinschreibung, Dehnung durch ie, Fremdwörter, Satzzeichen.
**Quelle:** *Süddeutsche Zeitung* vom 8.10. 1996, S. 12.

Wenn man die markierten Buchstaben der Rätselwörter in der richtigen Reihenfolge anordnet, ergeben sie den Namen eines bei Kindern beliebten Haustieres.

| | | | | | | | | | | | | | | | |
|---|---|---|---|---|---|---|---|---|---|---|---|---|---|---|---|
| | | r | | | | | n | | | | | | | | |
| | | | r | | | | i | | | | | | | | |
| | | | | e | | | ä | | | | | | h | | |
| | | u | | | i | | | | | | | | | | |
| | | k | | | | ä | | | | | | | | | |
| | | e | | | | | i | | | | | | | | |

**Lösungswort:**

Bei Kindern sehr beliebt ist der

| | | | | | | |
|---|---|---|---|---|---|---|
| | | | | | | |

## Durstige Elefanten stürmen Schwarzbrennereien *Nr. 23*

Südwestlich der indischen Stadt Kalkutta haben durstige Elefanten mehrere Schwarzbrennereien verwüstet. Auf der Suche nach Wasser, so der Sprecher der Forstverwaltung, sei eine Herde von 45 Tieren durch die Region gestreift. Dabei hätten die Rüsseltiere in 48 Stunden sechs illegale Schnapsbrennereien niedergetrampelt. Die Herde sei bereits berühmt wegen ihrer Vorliebe für Hochprozentiges, sie seien „richtige Säufer".

56 Wörter

**Trainingsschwerpunkte:** Groß- und Kleinschreibung, Verdoppelung von Konsonanten, Schreibung von Zahlwörtern.
**Quelle:** *Süddeutsche Zeitung* vom 9.10.1996, S. 12.

Die markierten Buchstaben der Rätselwörter ergeben den Namen des Flusses, an dessen Mündung Kalkutta liegt.

| | | | | | | | | | | | | | | |
|---|---|---|---|---|---|---|---|---|---|---|---|---|---|---|
| | | s | | | | | | | r | | | | | |
| | | | k | | | t | | | | | | | | |
| | | | e | | | l | | | | | | | | |
| | | u | | | | | | | | | | | | |
| | | | | p | | | | e | | | | | e | |
| | | | w | | | | b | | | | – | | | |
| | | | | | | | r | | | | | | | |

**Lösungswort:**

Kalkutta liegt am

| | | | | | |
|---|---|---|---|---|---|
| | | | | | |

## Wein wird Fischen und Enten zum Verhängnis *Nr. 24*

Mehrere Dutzend Fische und Enten sind in Südfrankreich offenbar an Alkoholvergiftung gestorben. Wie die Polizei berichtete, seien sie im Departement Gard von einem kleinen Fluss angeschwemmt worden, in den 15.000 Liter Wein einer Winzergenossenschaft geflossen seien. Unbekannte hätten die Weinfässer geöffnet. Die Feuerwehr pumpte einen Tag lang Wasser in den Fluss um die Weinkonzentration zu verringern.

56 Wörter

**Anmerkung:** Anzugeben ist *Departement Gard.*
**Trainingsschwerpunkte:** Groß- und Kleinschreibung, Verdoppelung von Konsonanten.
**Quelle:** *Süddeutsche Zeitung* vom 9.10.1996, S. 12.

Wenn du die fehlenden Buchstaben eingesetzt hast und die in Klammern angegebenen Buchstaben in der richtigen Reihenfolge anordnest, ergeben sie die Bezeichnung für den Teil der Trauben, der die Farbe des Rotweines liefert.

| | | | | | | | | | | | | | |
|---|---|---|---|---|---|---|---|---|---|---|---|---|---|
| revninre | | 6 | r | 2 | | | g | | | | (2/4) | | |
| äseWien | | | | 7 | f | | s | | | r | (4) | | |
| hcsanmetg | | | | e | | | 8 | w | | | m | 11 | (7/12) |
| frabeo | | | f | | n | 5 | 9 | | (6/7) | | | | |
| teuDd | | 10 | 1 | z | | n | | (2/3) | | | | | |
| knneUnae | 4 | | b | | | 3 | | | t | | (1/6) | | |

**Lösungswort:**

| | | | | | | | |
|---|---|---|---|---|---|---|---|
| | | | | | | | – |
| | | | | | | | |

## Betrunkene Bakterien stoppen Kläranlagen *Nr. 25*

Betrunkene Bakterien haben die Kläranlagen im Schweizer Kanton Wallis während der Weinlese außer Betrieb gesetzt. Das bakterielle Alkoholproblem rühre von den mit Fruchtfleisch und Weinhefe durchsetzten Abwässern der Kellereien her, teilte die zuständige Dienststelle für Umweltschutz mit. Die Klärbakterien hörten wegen der Gärstoffe auf zu arbeiten. Aus den Kläranlagen fließe deshalb fauliges Wasser, das dem Gleichgewicht der Bäche schade.

59 Wörter

**Trainingsschwerpunkte:** Groß- und Kleinschreibung, Verdoppelung von Konsonanten, Dehnung durch ie und h.
**Quelle:** *Süddeutsche Zeitung* vom 9.10.1996, S. 12.

Wenn man die markierten Buchstaben der Rätselwörter in der richtigen Reihenfolge anordnet, ergeben sie die Bezeichnung für den chemischen Vorgang der Alkoholentstehung bei der Weinproduktion.

| | | | | | | | | | | |
|---|---|---|---|---|---|---|---|---|---|---|
| | | | l | | | e | | | | |
| | | | r | | | l | | | | |
| | | h | | e | | | | | | |
| | | w | | | | e | | | | |
| | | r | | | o | | | | | |
| | | o | | | e | | | | | |

**Lösungswort:**

Der Alkohol im Wein entsteht durch

| | | | | | |
|---|---|---|---|---|---|
| | | | | | |

## Bakterien entschärfen Bomben *Nr. 26*

Mehr als 70 mit Sprengstoffresten belastete Standorte in Deutschland sollen durch Pilze und Bakterien saniert werden. Das Verfahren beruht auf der Fähigkeit der Mikroorganismen, Sprengstoffe in ihre chemischen Bestandteile zu zerlegen. Spezielle Kulturen können so verseuchte Böden schonend reinigen. Das Bundesforschungsministerium fördert die neuen biotechnischen Verfahren, denn man kommt mit weniger Energie aus und es können Kosten gespart werden. Gleichzeitig bleibt die ökologische Lebensfähigkeit der Böden erhalten.

67 Wörter

**Trainingsschwerpunkte:** Groß- und Kleinschreibung, Verdoppelung von Konsonanten.
**Quelle:** Nach *Süddeutsche Zeitung* vom 24.10.1996, S. V.

Die markierten Buchstaben der Rätselwörter ergeben den Namen des Mannes, der vermutlich das Schießpulver in Deutschland erfunden hat.

| | | | | | | | | | | | | | | |
|---|---|---|---|---|---|---|---|---|---|---|---|---|---|---|
| ■ | | n | | | e | | | | | | | | | |
| | | | t | | | | n | | ■ | | h | | | |
| | ■ | | i | | r | | | | | | | | | |
| | | | ■ | o | | | | | | i | | m | | |
| | i | | ■ | e | | | | | | | | | | |
| | ■ | | o | | | n | | | | | | | | |
| | | o | | | g | | | | ■ | | | | | |

**Lösungswort:**

Der Erfinder des Schießpulvers in Deutschland war Herr

| | | | | | | | |
|---|---|---|---|---|---|---|---|
| | | | | | | | |

## 17 Millionen Tote durch Infektionen *Nr. 27*

Weltweit sind im vergangenen Jahr nach Schätzung der Weltgesundheitsorganisation 17 Millionen Menschen an Infektionskrankheiten gestorben. Die Erreger der Krankheiten erwiesen sich zunehmend als resistent gegen Antibiotika, heißt es im Jahresbericht der Organisation. In den vergangenen 20 Jahren seien zudem mindestens 30 neue Infektionskrankheiten aufgetreten, darunter Aids und die Ebola-Seuche.

49 Wörter

**Trainingsschwerpunkte:** Groß- und Kleinschreibung, Fremdwörter.
**Quelle:** *Süddeutsche Zeitung* vom 21.5.1996, S. 12.

Wenn du die markierten Buchstaben der Rätselwörter in der richtigen Reihenfolge anordnest, ergeben sie einen der möglichen Gründe für die zunehmende Wirkungslosigkeit von Antibiotika.

| | | | | | | | | | | | | | | | |
|---|---|---|---|---|---|---|---|---|---|---|---|---|---|---|---|
| | | | l | | | n | | | | | | | | | |
| | | | | t | | | n | | | | | | | | |
| | | | i | | t | | | | | | | | | | |
| | | | i | | i | | | | k | | | | | | |
| | r | | | g | | | | | | | | | | | |
| | | f | | | | i | | | | | r | | | | – |
| | | | | | | | | | | | | | | | |

**Lösungswort:**

Viele Krankheitserreger können wegen des zunehmenden

| | | | | | | | | | | |
|---|---|---|---|---|---|---|---|---|---|---|
| | | | | | | | | | | s |

von Antibiotika nicht mehr wirksam bekämpft werden.

## 80 Prozent aller Kinder geimpft *Nr. 28*

Die Vereinten Nationen haben einen wichtigen Erfolg auf dem Weg zu ihrem Ziel erreicht, bis zum Ende dieses Jahrhunderts 90 Prozent aller Kinder auf der Welt gegen die sechs verbreitetsten Infektionskrankheiten zu impfen. Die Weltgesundheitsorganisation teilte mit, dass inzwischen 80 Prozent aller Kinder gegen Masern, Diphtherie, Keuchhusten, Tetanus, Kinderlähmung und Tuberkulose immun seien. Das sei die größte Erfolgsstory der öffentlichen Gesundheitsfürsorge im vergangenen Jahrzehnt.

64 Wörter

**Trainingsschwerpunkte:** Groß- und Kleinschreibung, zusammengesetzte Substantive, Fremdwörter.
**Quelle:** *Süddeutsche Zeitung* vom 9.10.1991, S. 60.

Die markierten Buchstaben der Rätselwörter ergeben eine andere Bezeichnung für einen Impfstoff.

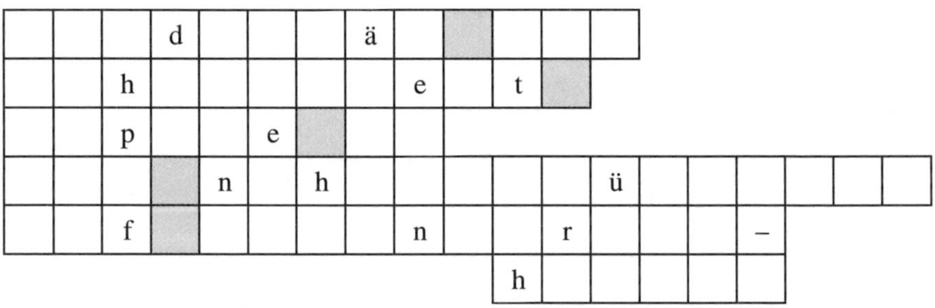


**Lösungswort:**

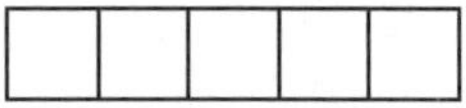

## Gefährlicher Sonnenbrand

*Nr. 29*

Wenn Kinder in den ersten fünf Lebensjahren oft einen Sonnenbrand haben, steigt ihr Risiko für Hautkrebs stark an. Dies ist das wichtigste Ergebnis von Untersuchungen an rund 7.000 Kindern in Hamburg, der weltweit größten Erhebung dieser Art. Kinder mit Sonnenbränden hätten überdurchschnittlich viele Pigmentmale, erläuterte Professor Eckhard Breitbart. Viele gutartige Pigmentmale seien der größte Risikofaktor für die Entstehung von Hautkrebs. Sonnenbrände nach dem 20. Lebensjahr hätten dagegen keinen Einfluss.

69 Wörter

**Anmerkung:** Anzugeben ist der Name *Eckhard Breitbart.*
**Trainingsschwerpunkte:** Groß- und Kleinschreibung, zusammengesetzte Substantive, Verdoppelung von Konsonanten.
**Quelle:** *Süddeutsche Zeitung* vom 2.3.1994, S. 14.

Die markierten Buchstaben der Rätselwörter ergeben die Bezeichnung für die Ursache eines Sonnenbrandes.

| | | | | | | | | | | | | | | | | |
|---|---|---|---|---|---|---|---|---|---|---|---|---|---|---|---|---|
| | | | t | | r | | | | | | | | | | | |
| | | n | | | | | | a | | | | | | | | |
| | i | | l | | | | | | | | | | | | | |
| | | g | | | n | | | | | e | | | | | | |
| | | | f | | | s | | | | | | | | | | |
| | | | a | | | i | | | | | | | | | | |
| | | | r | | | r | | h | | | | n | | | | – |
| | | | | | | | | | | | | | | | c | |

**Lösungswort:**

| | | | | | | | | | | | |
|---|---|---|---|---|---|---|---|---|---|---|---|
| | | – | | | | | | | | | |

## Kinder werden seltener angeschnallt *Nr. 30*

Nach Erkenntnissen des Innenministeriums werden Kinder bei Autofahrten immer seltener angeschnallt. Im vergangenen Jahr sei die Zahl der als Mitfahrer verunglückten Kinder bis sechs Jahre deutlich gestiegen, der Anteil der angeschnallten Kinder sei dagegen von 25 auf 18 Prozent gesunken. „Leider sind viele Kraftfahrer nur unter Druck und Androhung von Sanktionen bereit, nicht aus Gedankenlosigkeit oder Bequemlichkeit Leben und Gesundheit ihrer Kinder aufs Spiel zu setzen“, erklärte das Innenministerium.

69 Wörter

**Trainingsschwerpunkte:** Groß- und Kleinschreibung, Dehnung durch h, Verdoppelung von Konsonanten, Satzzeichen.
**Quelle:** *Süddeutsche Zeitung* vom 11./2.7.1995, S. 52.

Die markierten Buchstaben der Rätselwörter ergeben den Namen für ein Verkehrsmittel, bei dem man sich nicht anschnallen muss.

| | | | | | | | | | | | | | |
|---|---|---|---|---|---|---|---|---|---|---|---|---|---|
| | | q | | | | l | | | | | e | | |
| | | k | | | n | | n | | | | | | |
| | | s | | | | g | | | | | | | |
| | | | k | | | o | | | | | | | |
| | | g | | | | | | a | | | t | | |
| | r | | | | f | | | | e | | | | |

**Lösungswort:**

| | | | | | | | | |
|---|---|---|---|---|---|---|---|---|
| | | | | | | | | |

## Zwei Drittel aller Deutschen sind für Rauchverbote *Nr. 31*

Mehr als zwei Drittel aller Deutschen sind für Rauchverbote in öffentlichen Räumen und am Arbeitsplatz. Nach einer Umfrage würden selbst 49 Prozent der Raucher ein solches Nichtrauchergesetz befürworten. 53 Prozent würden bei Verstößen gegen ein Verbot eine Geldbuße von 100 Mark begrüßen. Dies könnte darauf zurückzuführen sein, dass Raucher eine Minderheit geworden sind. Ihr Anteil an der Bevölkerung beträgt nur noch rund 30 Prozent.

64 Wörter

**Trainingsschwerpunkte:** Groß- und Kleinschreibung, Verdoppelung von Konsonanten.
**Quelle:** Süddeutsche Zeitung vom 3.6.1996, S. 10.

Wenn du die markierten Buchstaben in die richtige Reihenfolge bringst, erhältst du die Bezeichnung für Nichtraucher, die dem Qualm ihrer rauchenden Mitmenschen ausgesetzt sind.

| | | | | | | | | | | | | |
|---|---|---|---|---|---|---|---|---|---|---|---|---|
| | ▒ | l | | b | ▒ | | | | | | | |
| | ▒ | u | ▒ | | v | | | | | t | | |
| | i | | | | | ▒ | e | | | | | |
| | ▒ | b | | | | s | ▒ | | | t | | |
| ▒ | e | ▒ | | | ö | | | | | | | |
| | | f | | | t | | ▒ | | | | | |
| | | ▒ | s | | | | | | | | | |
| | | | h | | | ▒ | u | | | | | – |
| | | | | | | | g | | ▒ | | | |

**Lösungswort:**

| | | | | | | |
|---|---|---|---|---|---|---|
| | | | | | | – |
| | | | | | | |

## Husten geheilt *Nr. 32*

Der 29-jährige Brite Gavin Marshall leidet nach 13 Jahren endlich nicht mehr unter ständigem Hustenreiz. In einer Klinik wurde nämlich in Marshalls Lunge die Ursache für den Husten entdeckt: der kleine Plastikdeckel eines Süßigkeitenbehälters, den er als Kind verschluckt hatte. Zuvor hatten die Ärzte die verschiedensten Diagnosen wie Asthma und Lungeninfektionen gestellt und den Mann entsprechend behandelt.

57 Wörter

**Anmerkung:** Anzugeben ist *Gavin Marshall.*
**Trainingsschwerpunkte:** Groß- und Kleinschreibung, Fremdwörter, Trennung bei Wörtern mit ck (in der Grundform).
**Quelle:** Süddeutsche Zeitung vom 18.10.1991, S. 60.

Bis zur Erfindung eines bestimmten Medikaments war Lungenentzündung oft tödlich. Die Lösung des Rätsels ergibt den Namen des 1928 erfundenen Medikaments, das die Zahl der Todesfälle senkte.
**Beachte**: Einige Wörter wurden getrennt?

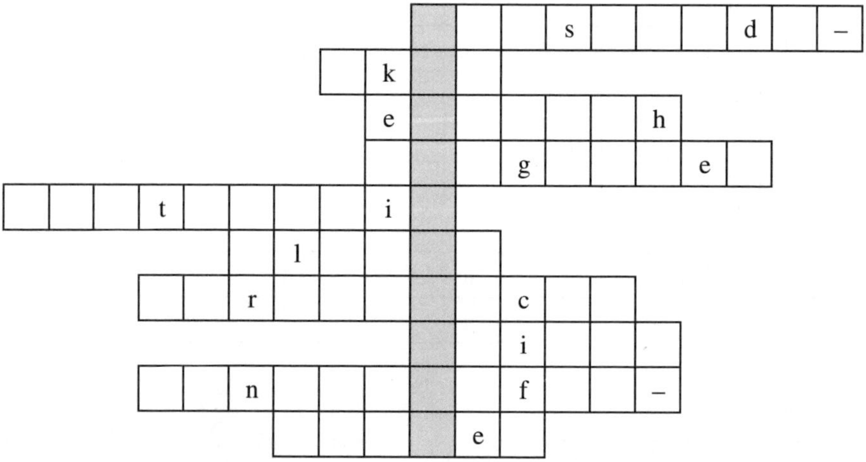


**Lösungswort:**

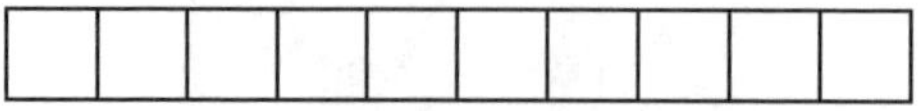

## Fast die Hälfte der Deutschen ist zu dick *Nr. 33*

40 Prozent der Deutschen leiden unter überflüssigen Pfunden. Wie der Verein zur Förderung der gesunden Ernährung und Diätik mitteilte, sei Übergewicht aber nicht mit Fressen und Phlegma gleichzusetzen. Die meisten dicken Menschen trügen eine Erbinformation in sich, die dazu führe, dass diese Menschen bei nur gering erhöhter Nahrungszufuhr unverhältnismäßig viel zunehmen. Trotzdem könnten nur veränderte Eßgewohnheiten und Bewegung Abhilfe leisten.

60 Wörter

**Trainingsschwerpunkte:** Groß- und Kleinschreibung, zusammengesetzte Substantive, Dehnung durch h, Verdoppelung von Konsonanten.
**Quelle:** Süddeutsche Zeitung vom 21./22.9.1996, S. 16.

Unabhängig von gesundheitlichen Gründen, gab es in der Vergangenheit eine Zeit, wo Übergewicht als Schönheitsideal galt. Wenn du die fehlenden Buchstaben eingesetzt hast und die in Klammern angegebenen Buchstaben in der richtigen Reihenfolge anordnest, ergibt sich als Lösung der Name dieser Epoche.

| | | | | | | | | | | | | | | | |
|---|---|---|---|---|---|---|---|---|---|---|---|---|---|---|---|
| hPema | | | l | | g | | | (7) | | | | | | | |
| rEähnr | | | n | | | | u | | g | (6) | | | | | |
| bEonrain | | r | | i | | f | | | m | | t | | o | | (3) |
| kDit | | | ä | | i | | (6) | | | | | | | | |
| gwßhiheo | E | | | e | | | | n | | e | | t | | n | (6) |
| erÜweict | | b | | | g | | | | | h | | (9) | | | |

**Lösungswort:**

| | | | | | |
|---|---|---|---|---|---|
| | | | | | |

## Den Deutschen ist das Frühstück heilig *Nr. 34*

Deutsche sind Weltmeister im Frühstücken. Einer Studie der französischen Ernährungswissenschaft zufolge sitzen sie morgens durchschnittlich 26 Minuten am Tisch. Auf Platz zwei folgen die Briten mit rund 16 Minuten. Überdies nehmen sich die Deutschen am meisten Zeit für die Zubereitung einer Mahlzeit.

43 Wörter

**Trainingsschwerpunkte:** Groß- und Kleinschreibung, Verdoppelung von Konsonanten, Dehnung durch h.
**Quelle:** *Süddeutsche Zeitung* vom 10.10.1996, S. 12.

Die markierten Buchstaben der Rätselwörter ergeben den Namen eines gesunden Beitrags zum Frühstück.

| | | | | | | | | | | | | | | | |
|---|---|---|---|---|---|---|---|---|---|---|---|---|---|---|---|
| | | | c | | | | | n | | | t | | | c | |
| | | | | z | | | i | | | h | | | | | |
| | | | h | | | ü | | | | | | | | | |
| | | | t | | | | | | | | | | | | |
| | | | l | | | i | | | | | | | | | |

**Lösungswort:**

| | | | | |
|---|---|---|---|---|
| | | | | |

## Bußgeld für Nebelraser *Nr. 35*

Autofahrern, die gegen das Tempolimit von 50 Kilometern pro Stunde bei weniger als 50 Metern Sicht verstoßen, droht ein Bußgeld von mindestens 100 Mark. Fahrer von Lastwagen mit einem Gesamtgewicht von mehr als 7,5 Tonnen, die bei dieser geringen Sicht noch überholen, müssen sogar 150 Mark Bußgeld zahlen. Wer andere Verkehrsteilnehmer gefährdet oder gar einen Unfall verursacht, muss mit einem Bußgeld von 250 Mark sowie Fahrverbot rechnen.

67 Wörter

**Trainingsschwerpunkte:** Groß- und Kleinschreibung, ß nach langem Vokal, Dehnung durch h.
**Quelle:** *Süddeutsche Zeitung* vom 18.10.1991, S. 60.

Wenn du in die waagerechten Zeilen die passenden Wörter einsetzt, so erfährst du, wer auf diese Konsequenzen hingewiesen hat. Setze die Buchstaben aus den nummerierten Kästchen in der angegebenen Reihenfolge zusammen.

| | | | | | | | | | | | | |
|---|---|---|---|---|---|---|---|---|---|---|---|---|
| G | 5 | 14 | | m | | | e | | 16 | | h | |
| | 11 | 15 | p | | l | 18 | | | | | | |
| | u | | | | | h | 13 | | r | 17 | | |
| 1 | 2 | ß | | e | | 4 | | | | | | |
| | i | | | | 6 | 20 | e | | | | | |
| | 8 | f | | | 22 | d | | | | | | |
| | | 12 | 9 | v | 21 | r | | o | | | | |
| 7 | e | | 10 | e | | r | 19 | t | | | | – |
| | | | | | | | 3 | e | | | e | |

**Lösungswort:**

| | | | | | | | | |
|---|---|---|---|---|---|---|---|---|
| | | | | | | – | | |
| | | | | | | | | – |
| | | | | | | | | |

## Langfinger bei Karl May *Nr. 36*

Persönliche Gegenstände aus dem Besitz Karl Mays, die lange verschollen waren, sind wieder aufgetaucht. Aus privater Hand wurden 14 Stücke an das als Museum dienende Karl-May-Haus in dessen sächsischer Geburtsgemeinde Hohenstein-Ernstthal zurückgegeben. Wie der Leiter des Hauses sagte, waren die Stücke nach Schließung des Heimatmuseums 1964 auf „unerklärliche Weise" abhanden gekommen. Die Chemnitzer Morgenpost berichtete, ein „fanatischer Sammler" habe nunmehr das persönliche Siegel Mays und 13 weitere Museumsstücke zurückgegeben.

69 Wörter

**Anmerkung:** Anzugeben ist *Hohenstein–Ernstthal.*
**Trainingsschwerpunkte:** Groß- und Kleinschreibung, zusammengesetzte Substantive, Verdoppelung von Konsonanten.
**Quelle:** *Süddeutsche Zeitung* vom 11.10.1996, S. 12.
**Literaturhinweis:** *Burghard Bartos:* „Old Shatterhand, das bin ich." – Karl May. Hamburg: Carlsen 1991.

Wenn du in die waagerechten Zeilen die passenden Wörter einsetzt, so erfährst du, wie einer der Helden in Karl Mays' Romanen hieß. Setze die Buchstaben aus den nummerierten Kästchen in der passenden Reihenfolge zusammen.

| | | | | | | | | | | | | | | |
|---|---|---|---|---|---|---|---|---|---|---|---|---|---|---|
| | 6 | | s | | h | | l | | e | 7 | | | | |
| d | | e | 8 | | n | | e | | | | | | | |
| G | | 5 | u | | | s | | | m | | | n | | |
| 11 | c | | l | 12 | | | u | | g | | | | | |
| u | | | 3 | 1 | l | ä | | l | | | h | | | |
| | 2 | n | 4 | t | | s | | | | | | | | |
| | i | 9 | g | | | | | | | | | | | |
| | u | | | u | 10 | | | | | c | | e | | |

**Lösungswort:**

| | | | | | | | | | | | | | |
|---|---|---|---|---|---|---|---|---|---|---|---|---|---|
| | | | | | | | | | | | | | |

## „Stinkefinger“ kostet 900 Mark

*Nr. 37*

Für das Zeigen des sogenannten „Stinkefingers“ erhielt jetzt ein 24-Jähriger vom Amtsgericht einen Strafbefehl über 900 Mark zugeschickt. Der junge Mann wurde Anfang September wegen eines verbotenen Überholmanövers auf der Autobahn nach Salzburg von zwei Beamten der bayerischen Grenzpolizei angehalten. Wütend „grüßte“ der Autofahrer daraufhin mit dem ausgestreckten Mittelfinger. Die Beamten reagierten sofort und zeigten ihn an: wegen Beleidigung und verbotenen Überholens.

63 Wörter

**Trainingsschwerpunkte:** Groß- und Kleinschreibung, Genitiv-s, Dehnung durch h.
**Quelle:** Nach *Süddeutsche Zeitung* vom 16./17.11.1991, S. 24.

Wenn du in die waagerechten Zeilen die passenden Wörter einsetzt, so erfährst du den Namen einer Autobahnteilstrecke, auf der sich häufig Staus und Unfälle ereignen.

| | | | | | | | | | | | | | | |
|---|---|---|---|---|---|---|---|---|---|---|---|---|---|---|
| | | r | | | t | | | | | | | | | |
| | | | | f | | | | | | | | | | |
| 24 | - | | | | | i | | | | | | | | |
| | b | | | | | l | | | | | | | r | |
| | | | n | | | | | n | | | | | | |
| | | | o | | | | n | | | | | | | |
| | | | r | | | | e | | | | | | | |
| | a | | | | | | | h | | | | | | |

**Lösungswort:**

| | | | | | | | |
|---|---|---|---|---|---|---|---|
| | | | | | | | – |
| | | | | | | | |

## Wohlgeruch aus Metzgerei verführt Mann zu Einbruch *Nr. 38*

Von einem tierischen Hunger getrieben, bediente sich ein 26-jähriger Mann am Samstag gegen zwei Uhr morgens in einer Metzgerei in Moosach. Er trat die Glastür des Geschäfts ein und schnappte sich mehrere Wurst- und Käsestücke. Der alarmierten Polizei gab der stark alkoholisierte Einbrecher an, er habe den Lebensmitteldüften nicht widerstehen können.

51 Wörter

**Trainingsschwerpunkte:** Groß- und Kleinschreibung, Dehnung durch ie.
**Quelle:** *Süddeutsche Zeitung* vom 30.9.1991, S. 15.

Wenn du die fehlenden Buchstaben eingesetzt hast und die in Klammern angegebenen Buchstaben in der richtigen Reihenfolge anordnest, ergibt sich der Name eines Verfahrens, das beim Mensch zur genauen Untersuchung des Alkoholspiegels verwendet wird.

| | | | | | | | | | | | | | | | | |
|---|---|---|---|---|---|---|---|---|---|---|---|---|---|---|---|---|
| deebne | | | | i | | | t | | | | | | | | | (1) |
| zegreM | | | t | | | e | | | i | | | | | | | (7) |
| eitscine | | | | r | | | | h | | | | | | | | (1) |
| etpchsa | | | | n | | | p | | | | | | | | | (6) |
| gruH | | | n | | e | | | | | | | | | | | (2) |
| aoholsiitrn | | | k | | | | l | | | | e | | | e | | (4) |
| rlaneier | | | a | | m | | | | t | | | | | | | (2) |
| nibherrc | E | | | | | e | | | | | | | | | | (4/9) |

**Lösungswort:**

Der Alkoholspiegel wird durch eine

| | | | | | | | | |
|---|---|---|---|---|---|---|---|---|
| | | | | | | | | |

festgestellt.

## Polizei knackt Auto *Nr. 39*

Ein 30-jähriger Augsburger rief aus Los Angeles bei der Münchner Flughafenpolizei an. Er wolle einen Leihwagen mieten, dazu fehle aber sein Führerschein, den er in seinem Auto am Flughafen vergessen habe. Ob man ihm nicht helfen könne. Man konnte: Kurzerhand brachen die Beamten den Wagen des Urlaubers auf und schickten die Lizenz zum Fahren mit der nächsten Maschine in die USA.

61 Wörter

**Trainingsschwerpunkte:** Groß- und Kleinschreibung, Dehnung durch h und ie, zusammengesetzte Substantive.
**Quelle:** Nach *Süddeutsche Zeitung* vom 8.10.1996, S. 34.

Wenn du die markierten Buchstaben der Rätselwörter in der richtigen Reihenfolge anordnest, so erhältst du den englischen Ausdruck für den Führerschein.

| | | | | | | | | | | | | | | | |
|---|---|---|---|---|---|---|---|---|---|---|---|---|---|---|---|
| | | e | | | n | | | | | | | | | | |
| | | u | | | | f | | | p | | | | | e | |
| | e | | h | | | | e | | | | | | | | |
| | | r | | | s | | | | | | | | | | |
| | ü | | | | r | | | | e | | n | | | | |
| | | a | | h | | | | | | | | | | | |
| | | s | | | i | | | | | | | | | | |
| | | | z | | | h | | n | | | | | | | |

**Lösungswort:**

Der Führerschein heißt auf Englisch

| | | | | | | |
|---|---|---|---|---|---|---|
| | | | | | | |
| | | | | | | |

## Bei Fahrraddiebstahl eingeschlafen *Nr. 40*

In der Münchner Hermann-Lingg-Straße fanden die Polizisten nachts einen Dieb neben einem Fahrrad mit geknacktem Schloss am Boden liegend und laut schnarchend vor. Der 27-Jährige war derart betrunken, dass er während des Diebstahls am Tatort eingeschlafen war. Seine Tasche mit Spezialwerkzeug hatte er neben sich auf den Boden gelegt. Er erwachte in einer Haftzelle des Polizeipräsidiums.

56 Wörter

**Anmerkung:** Anzugeben ist *Hermann-Lingg-Straße.*
**Trainingsschwerpunkte:** Groß- und Kleinschreibung, Worttrennung.
**Quelle:** *Süddeutsche Zeitung* vom 9.10.1991, S. 17.

Die markierten Buchstaben der Rätselwörter ergeben die Bezeichnung für eine der besseren Maßnahmen gegen den Fahrraddiebstahl.

| | | | | | | | | | | | | | | |
|---|---|---|---|---|---|---|---|---|---|---|---|---|---|---|
| | | | n | | r | | | e | | | | | | |
| | | | g | | | c | | | a | | | | | |
| | | | n | | | k | | | m | | | | | |
| | i | | | | t | | | l | | | | | | |
| | p | | | | a | | | | | k | | | | g |
| | c | | l | | | | | | | | | | | |
| | | n | | h | | e | | | | | | | | |

**Lösungswort:**

| | | | | | | |
|---|---|---|---|---|---|---|
| | | | | | – | |
| | | | | | | |

## Mit Lokomotive gegen Liebeskummer *Nr. 41*

Offenbar aus Liebeskummer hat eine Frau in Buenos Aires eine Lokomotive in ihre Gewalt gebracht und zu einer wahren Amokfahrt angesetzt. Dass die Fahrt nicht zur Tragödie wurde, war einem beherzten Bahnhofspolizisten zu verdanken, der auf die fahrende Lok sprang und die Maschine zum Stillstand brachte. Die Frau war am Vortag aus einer psychiatrischen Anstalt ausgebrochen, in die sie mit einem Nervenzusammenbruch eingeliefert worden war, nachdem ihr Freund, ein Lokomotivführer, sie verlassen hatte.

72 Wörter

**Anmerkung:** Anzugeben ist das Wort *Buenos Aires*.
**Trainingsschwerpunkte:** Groß- und Kleinschreibung, Verdoppelung von Konsonanten, Dehnung mit h.
**Quelle:** *Süddeutsche Zeitung* vom 8./9.5.1993, S. 12.

Wenn du die fehlenden Buchstaben eingesetzt hast und die in Klammern angegebenen Buchstaben in der richtigen Reihenfolge anordnest, erfährst du den Namen des Landes, in dessen Hauptstadt die Lokomotive entführt wurde.

| | | | | | | | | | | | | | | | | |
|---|---|---|---|---|---|---|---|---|---|---|---|---|---|---|---|---|
| egeifrtie | | | n | | | l | | | | e | | | (4) | | | |
| kmAhrtf | | | o | | | a | | | | (1/9) | | | | | | |
| beeLremmk | | i | | | | s | | | | | | | (5/12) | | | |
| tilSsnda | | | | l | | | t | | | | (3/9) | | | | | |
| iotoekov | L | | | | m | | | | | | (10) | | | | | |
| refhen | | a | | | | | d | | (6) | | | | | | | |
| chriapsichn | | | y | | | | | t | | | s | | | e | | (6/15) |

**Lösungswort:**

| | | | | | | | | | | |
|---|---|---|---|---|---|---|---|---|---|---|
| | | | | | | | | | | |

## Pech beim Rasieren *Nr. 42*

Ein Autofahrer hielt seinen akkubetriebenen Rasierer in der einen und das Lenkrad in der anderen Hand, als sein Wagen schleuderte und gegen einen Baum prallte. Der Polizei erzählte der 26-Jährige zunächst, er habe einem Tier ausweichen müssen. Aber die Beamten fanden den noch laufenden Rasierer. Die Rasur im Auto wurde teuer.

51 Wörter

**Trainingsschwerpunkte:** Groß- und Kleinschreibung, Dehnung durch h und ie.
**Quelle:** *Süddeutsche Zeitung* vom 17.12..1992, S. 12.

Wenn du in die waagerechten Zeilen die passenden Wörter oder Satzteile einsetzt, so erfährst du, wie man früher einen Frisör, der auch Rasuren anbot, genannt hat. Setze die Buchstaben aus den markierten Kästchen in der richtigen Reihenfolge zusammen.

| | | | | | | | | | | | | | | |
|---|---|---|---|---|---|---|---|---|---|---|---|---|---|---|
| | | a | | t | | | | | | | | | | |
| | | t | | | a | | | | | | | | | |
| | | | u | | e | | | | | b | | | | n |
| | | z | | | | | | | | | | | | |
| | | | i | | | e | | | | | | | | |
| | | | u | | | | | | | | | | | |

**Lösungswort:**

| | | | | | | |
|---|---|---|---|---|---|---|
| | | | | | | |

## Maßkrug gegen Schweizer Polizisten *Nr. 43*

In der Ochsenbraterei auf der Wies'n gerieten vier Schweizer Polizisten mit Gästen am Nachbartisch in Streit. Eine Frau, die der gegnerischen Tischgesellschaft angehörte, geriet so in Wut, dass sie einen der Schweizer mit einem Maßkrug angriff. Bevor Münchner Polizisten ihren Schweizer Kollegen zu Hilfe kommen konnten, war die Frau verschwunden.

50 Wörter

**Trainingsschwerpunkte:** Groß- und Kleinschreibung.
**Quelle:** *Süddeutsche Zeitung* vom 28./29.9.1991, S. 19.

Wenn du in die waagerechten Zeilen die passenden Wörter einsetzt, so erfährst du die genaue Bezeichnung für den Ort der Auseinandersetzung. Setze die Buchstaben aus den markierten Kästchen in der passenden Reihenfolge zusammen.

| | | | | | | | | | | | | | |
|---|---|---|---|---|---|---|---|---|---|---|---|---|---|
| | c | | | e | | | r | | | | r | | |
| | | h | | e | | z | | | | | | | |
| | a | | | | a | | | | s | | h | | |
| | | g | | | | i | | | h | | | | |
| | a | | | | | g | | | | | | | |
| | n | | | i | | | | | | | | | |
| | | v | | | | | | | | | | | |
| | | l | | | g | | | | | | | | |

**Lösungswort:**

| | | | | | | | | | | |
|---|---|---|---|---|---|---|---|---|---|---|
| | | | | | | | | | | |

## Schuleschwänzen in Zürich ist teuer *Nr. 44*

Unentschuldigtes Schuleschwänzen soll im Schweizer Kanton Zürich mit einer Geldbuße von bis zum 3.000 Franken bestraft werden. Das Kantonsparlament hat am Montag in Zürich diesen drastischen Erziehungsschritt zur Durchsetzung der Schulpflicht mit der Begründung verabschiedet, die Schule dürfe nicht zu einer allgemeinen „Je-ka-mi-Veranstaltung" (Jeder kann mich) werden. Bislang kostete Schuleschwänzen in Zürich höchstens 200 Franken.

55 Wörter

**Anmerkung:** Anzugeben ist der Ausdruck *„Je-ka-mi-Veranstaltung"*.
**Trainingsschwerpunkte:** Groß- und Kleinschreibung, zusammengesetzte Substantive.
**Quelle:** *Süddeutsche Zeitung* vom 16.3.1993, S. 14.

Die markierten Buchstaben der Rätselwörter ergeben den Namen eines großen Sees, der auf dem Weg von Bayern in Richtung Zürich liegt.

| | | | | | | | | | | | | | | | |
|---|---|---|---|---|---|---|---|---|---|---|---|---|---|---|---|
| | | n | | | | s | | | | l | | | | | |
| | | r | | | s | | | | u | | | | | | |
| | | | s | | | s | | | | | | | | | |
| | | | u | | | s | | | w | | | | | | |
| | | l | | | m | | | | e | | | | | | |
| | | | r | | | d | | | | | | | | | |

**Lösungswort:**

| | | | | | | | |
|---|---|---|---|---|---|---|---|
| | | | | | | | |

## Mit Bürstenhaarschnitt gegen Schulschwänzer *Nr. 45*

Um die zunehmende Tendenz zum Schulschwänzen einzudämmen, soll in Malaysia allen Schülern ein Bürstenhaarschnitt verpasst werden. Wie die Presse berichtete, könnten so schwänzende Schüler leichter erkannt werden. Dies sei erforderlich, weil Schüler, die dem Unterricht unentschuldigt fernblieben, ihre Schuluniform gegen zivile Kleidung tauschten und so in der Menge nicht mehr auffielen.

51 Wörter

**Anmerkung:** Anzugeben ist *Malaysia.*
**Trainingsschwerpunkte:** Groß- und Kleinschreibung, zusammengesetzte Substantive, Verdoppelung von Konsonanten, Dehnung durch ie.
**Quelle:** *Süddeutsche Zeitung* vom 18.9.1996, S. 15.

Die markierten Buchstaben der Rätselwörter ergeben den Namen des Mannes, der die Idee mit dem Bürstenhaarschnitt hatte.

| | | | | | | | | | | | | | |
|---|---|---|---|---|---|---|---|---|---|---|---|---|---|
| | 2 | 7 | w | | | | e | | | | | | |
| 1 | | | | l | | 6 | h | | | | z | | |
| | | 4 | s | | e | | | | | | | | |
| 12 | | h | | 9 | u | | | | o | | | | |
| 11 | | f | | 10 | | l | | | | | | | |
| | | r | | | | n | 3 | | 8 | r | – | | |
| | | | | | | | | | | | 5 | | |

**Lösungswort:**

| | | | | | | |
|---|---|---|---|---|---|---|
| | | | | | | |
| | | | | | | |

## Schummeln mit Schleier *Nr. 46*

Eine Gymnasiastin in Kairo hat bei einer Schulprüfung eine besondere Schummelmethode angewendet. Sie benutzte den traditionellen Schleier dazu, die Ohrhörer ihres Walkmans zu verbergen. Während der Prüfung hat sie sich dann die aufgezeichneten Prüfungshilfen angehört. Der Schwindel ist aufgeflogen, als eine Mitschülerin nach einem Streit beim Direktor petzte. Nach Angaben der Schummlerin ist der versteckte Walkman ein beliebtes Mittel, die Prüfungsnote zu verbessern. In Ägypten ist das Tragen von Schleiern an Schulen offiziell verboten. Häufig wird es jedoch geduldet.

79 Wörter

**Trainingsschwerpunkte:** Groß- und Kleinschreibung, zusammengesetzte Substantive, Verdoppelung von Konsonanten.
**Quelle:** *Süddeutsche Zeitung* vom 21.5.1996, S. 12.

Wenn du die fehlenden Buchstaben eingesetzt hast und die in Klammern angegebenen Buchstaben in der richtigen Reihenfolge anordnest, erfährst du, mit welcher welcher Religion das Tragen eines Schleiers bei Frauen begründet wird.

| | | | | | | | | | | | | | | | |
|---|---|---|---|---|---|---|---|---|---|---|---|---|---|---|---|
| artitilneen | | | | d | | | | o | | | | l | | | (3) |
| leniMtisch | | | | | | | ü | | | r | | | (4) | | |
| kaWmns | | | l | | | a | | | (5) | | | | | | |
| ffzoile | | | | i | | | | l | | (6) | | | | | |
| mmleSchethde | | | | u | | | | | – | | | | | | |
| | | | m | | | | o | | | (8) | | | | | |

**Lösungswort:**

| | | | | |
|---|---|---|---|---|
| | | | | |

## Dreijähriger in Tresor eingesperrt *Nr. 47*

Der dreijährige Landon Garcia aus Philadelphia konnte nur mit Hilfe der Feuerwehr aus dem Tresorraum einer Bank gerettet werden. Nach Presseangaben war der Bub am Samstag seiner Mutter entwischt und in den Tresorraum geschlüpft Das ganze passierte unmittelbar bevor der Bankdirektor den automatischen Schließmechanismus für das gesamte Wochenende auslöste. Die alarmierte Feuerwehr musste eine Spezialfirma rufen, die mit einem wassergekühlten Bohrer zunächst ein Loch in die Tresorwand bohrte, um Landon zu retten.

72 Wörter

**Anmerkung**: Anzugeben sind die Wörter *Philadelphia, Landon Garcia.*
**Trainingsschwerpunkte:** Groß- und Kleinschreibung, zusammengesetzte Substantive, Verdoppelung von Konsonanten, Komma.
**Quelle:** *Süddeutsche Zeitung* vom 4.6.1996, S. 10.

Wenn du in die waagerechten Zeilen die passenden Wörter einsetzt, so erfährst du, an welchem Fluss Philadelphia liegt.

| | | | | | | | | | | | | | | |
|---|---|---|---|---|---|---|---|---|---|---|---|---|---|---|
| T | | ▒ | s | | | ▒ | a | | | | | | | |
| | r | | | s | | ▒ | | g | | | e | | | |
| | ▒ | s | | i | | | t | | | | | | | |
| B | | | k | ▒ | | r | | | t | | | | | |
| S | | | | i | a | ▒ | | | | m | | | | |
| ▒ | | | | e | r | | ▒ | k | ü | | | | e | |

**Lösungswort:**

| | | | | | | | |
|---|---|---|---|---|---|---|---|
| | | | | | | | |

## Jugendlicher Ausreißer gesucht *Nr. 48*

Peter Kerry, britischer Ausreißer, ist wieder unterwegs. Der 15-Jährige sei seit dem Wochenende verschwunden, teilte die Londoner Polizei mit. Er habe seinen Pass, etwas Geld und Wechselkleidung dabei und sei vermutlich in Richtung europäisches Festland unterwegs. 1995 hatte es der Jugendliche bis nach Malaysia geschafft. Peters Vater bezweifelt, dass dies der letzte Ausflug seines Sohnes sein wird: „Er hat einen starken Willen", sagt er. „Es wird schwer sein, ihm seine Spritztouren abzugewöhnen."

72 Wörter

**Anmerkung:** Anzugeben sind die Wörter *Kerry* und *Malaysia.*
**Trainingsschwerpunkte:** Groß- und Kleinschreibung, zusammengesetzte Substantive, Zeichensetzung.
**Quelle:** *Süddeutsche Zeitung* vom 18.9.1996, S. 15.

Wenn du in die waagerechten Zeilen die passenden Wörter oder Satzteile einsetzt, so erfährst du, wie in England die Polizisten in der Umgangssprache genannt werden.

| | | | | | | | | | | | | | | | |
|---|---|---|---|---|---|---|---|---|---|---|---|---|---|---|---|
| | | i | t | i | | | h | | | | | | | | |
| | a | s | | | | | | | | | | | | | |
| | u | r | | p | | i | | | | e | | | | | |
| ... | | e | z | | | i | | e | | | , | d | | | |
| | a | | a | | | i | | | | | | | | | |
| | | z | | g | | | | h | | | n | | | | |

**Lösungswort:**

| | | | | | | |
|---|---|---|---|---|---|---|
| | | | | | | |

## Jugendlicher Ausreißer gefunden *Nr. 49*

Peter Kerry, 15-jähriger Brite, der vor einer Woche von zu Hause ausgerissen war, ist in Deutschland gefunden und zu seiner Familie zurückgebracht worden. Er sei bei Frankfurt entdeckt worden, als er mit dem Fahrrad auf einer Autobahn fuhr, sagten die Eltern des Jugendlichen. Peter Kerry war zuletzt gesehen worden, als der per Fahrrad vom Zuhause seiner Eltern wegfuhr. Im Februar des vergangenen Jahres war Kerry mit der Kreditkarte und dem Pass seines Vaters ausgerissen und bis nach Malaysia gereist.

79 Wörter

**Anmerkung:** Anzugeben sind die Wörter *Kerry* und *Malaysia*.
**Trainingsschwerpunkte:** Groß- und Kleinschreibung, Verdoppelung von Konsonanten.
**Quelle:** *Süddeutsche Zeitung* vom 24.9.1996, S. 12.

Die markierten Buchstaben der Rätselwörter ergeben den Namen eines Landes, das besonders weit von England, der Heimat des Ausreißers, entfernt ist.

| | | | | | | | | | | | |
|---|---|---|---|---|---|---|---|---|---|---|---|
| | | u | | | | | | a | | | |
| | | h | | | a | | | | | | |
| | | t | | b | | | | | | | |
| | | s | | | r | | | s | | | |
| | | g | | | | l | | | | | |
| | | r | | i | | | | | | | |

**Lösungswort:**

| | | | | | | | | | |
|---|---|---|---|---|---|---|---|---|---|
| | | | | | | | | | |

## Toiletten auf dem Mount Everest? *Nr. 50*

Ein schottischer Unternehmer will auf dem Mount Everest Toiletten installieren. Wie die britische Tageszeitung „The Guardian" berichtete, will der Schotte Philip Tolan diesen Vorschlag den Verantwortlichen für Umweltfragen in Tibet unterbreiten, um mit Experten eine Lösung für das Umweltproblem zu suchen, das die jährlich rund 50.000 Alpinisten auf dem Weg zum höchsten Gipfel der Welt mit ihren kleinen und großen Geschäften verursachen.

62 Wörter

**Anmerkung:** Anzugeben sind die Wörter *„The Guardian"* und *Philip Tolan.*
**Trainingsschwerpunkte:** Groß- und Kleinschreibung, Dehnung durch h und ie, Fremdwörter.
**Quelle:** *Süddeutsche Zeitung* vom 3.8.1994, S. 10.

Die markierten Buchstaben der Rätselwörter ergeben den Namen des Gebirges, in dem sich der Mount Everest befindet.

| | | | | | | | | | | | | | | | |
|---|---|---|---|---|---|---|---|---|---|---|---|---|---|---|---|
| | | w | | | | f | | | | e | | | | | |
| | | | t | | l | | | | r | | | | | | |
| | | | e | | | e | | | e | | | | | | |
| | | g | | | | e | | | | n | | | | | |
| | | h | | | | c | | | | | | | | | |
| | | | a | | | | o | | | l | | | | e | |

**Lösungswort:**

| | | | | | | | |
|---|---|---|---|---|---|---|---|
| | | | | | | | |

## Vulkan schmelzt Gletscher *Nr. 51*

Islands Regierung hat höchste Alarmbereitschaft angeordnet. Riesige Mengen Eis sind nämlich seit dem Ausbruch eines Vulkans unter Europas größtem Gletscher geschmolzen. Bisher konnten die Wassermengen in einen See ablaufen. Für das Wochenende befürchten die Behörden jedoch Überschwemmungen, die die größte Brücke des Landes bedrohen. Der Vatnajökull-Gletscher bedeckt ein Zehntel der isländischen Landfläche und hat eine Eisdicke von bis zu 1.000 Metern.

61 Wörter

**Anmerkung:** Anzugeben ist das Wort *Vatnajökull-Gletscher*.
**Trainingsschwerpunkte:** Groß- und Kleinschreibung, Dehnung durch h und ie, Worttrennungen.
**Quelle:** Nach *Süddeutsche Zeitung* vom 5./6.10.1996, S. 12.

Im folgenden Buchstabenfeld findest du mehrere Wörter aus dem Minutendiktat. Gib als Lösung die Anzahl der gefundenen Wörter an.
**Achtung**: Es kann auch Worttrennungen geben, z. B.

| | | | |
|---|---|---|---|
| **V** | **U** | **L** | M |
| | | | **K** |
| | | | **A** |
| | | | **N** |

| | | | | | | | | | | | | |
|---|---|---|---|---|---|---|---|---|---|---|---|---|
| R | W | A | W | Z | S | T | H | Ö | C | H | S | F |
| K | B | G | S | E | E | B | I | E | O | M | S | R |
| Ü | O | Ö | C | H | S | I | B | S | L | B | T | R |
| B | X | N | L | N | T | S | A | B | R | Ü | E | D |
| E | R | E | I | M | T | E | L | A | N | D | C | Z |
| R | L | N | O | S | W | K | B | C | F | P | K | U |
| B | S | C | H | W | E | M | M | U | N | G | E | N |

**Lösungszahl**: ☐

## Gefiederter Dinosaurier *Nr. 52*

Nach dem Fund eines gefiederten Dinosauriers gehen Paläontologen davon aus, dass Vögel die direkten Nachkommen der Dinosaurier sind. Das etwa 125 Millionen Jahre alte Fossil wurde am Rande einer Tagung in New York vorgestellt. Es sei der erste Fund eines Dinosauriers mit Spuren von Federn entlang der Wirbelsäule sowie an den Seiten. Das Tier war nur knapp einen Meter lang, gleicht in seiner Gestalt einer Gans und verfügte über scharfe Zähne und lange Hinterläufe. Er stammt aus einer wasserreichen Region Chinas und ernährte sich wahrscheinlich vorwiegend von Fischen.

88 Wörter

**Trainingsschwerpunkte:** Groß- und Kleinschreibung, Fremdwörter, Verdoppelung von Konsonanten.
**Quelle:** *Süddeutsche Zeitung* vom 21.10.1996, S. 12.

Wenn du die fehlenden Buchstaben eingesetzt hast und die in Klammern angegebenen Buchstaben in der richtigen Reihenfolge anordnest, ergibt sich der Name für die oben beschriebenen Art der flugfähigen Dinosaurier.

| | | | | | | | | | | | | | | |
|---|---|---|---|---|---|---|---|---|---|---|---|---|---|---|
| alPtoolgen | [1] | | | ä | | n | | [5] | | o | | | | (1/8) |
| revtselt | | o | [12] | g | [3] | | | | l | | | (3/5) | | |
| surerDni | | | | o | [6] | a | | [4] | i | | | (5/8) | | |
| figreden | | e | | [10] | e | | | [9] | t | | | (4/8) | | |
| saG | | [7] | n | | (2) | | | | | | | | | |
| ueflHiet | | | n | | [11] | r | | ä | [8] | | | (5/9) | | |
| mtst | | [2] | a | | m | | (2) | | | | | | | |

**Lösungswort:**

| | | | | | | |
|---|---|---|---|---|---|---|
| | | | | | – | |
| | | | | | | |

## Dinos Spur gestohlen *Nr. 53*

In Australien sind die weltweit einzigen bekannten Fußabdrücke eines Stegosaurus gestohlen worden. Die Spuren der Tiere, die vor 130 Millionen Jahren lebten, befanden sich auf dem Land der Aborigines nördlich der Stadt Broome in Westaustralien. Offenbar sei schweres Gerät eingesetzt worden, um die Fossilien aus dem Fels zu lösen. „Der Diebstahl ist ein großer wissenschaftlicher und kultureller Verlust", erklärte der Verwalter der von den Ureinwohnern als heilig betrachteten Stätte.

69 Wörter

**Anmerkung:** Anzugeben sind die Wörter *Aborigines* und *Broome.*
**Trainingsschwerpunkte:** Groß- und Kleinschreibung, Verdoppelung von Konsonanten.
**Quelle:** *Süddeutsche Zeitung* vom 16.10.1996, S. 12.

Dinosaurier lebten in den verschiedensten Gegenden unseres Planeten. Ein bekanntes Beuteltier gab es allerdings nur in Australien. Heute findest du es auch in deutschen Tiergärten. Die markierten Buchstaben der Rätselwörter ergeben den Namen dieses Tieres.

| | | | | | | | | | | |
|---|---|---|---|---|---|---|---|---|---|---|
| | | s | | | l | | | | | |
| | | | a | | d | | | c | | |
| | | f | | | b | | | | | |
| | | l | | | r | | | l | | |
| | e | | | | | | | | | |
| | t | | | | s | | | r | | |

**Lösungswort:**

| | | | | | | |
|---|---|---|---|---|---|---|
| | | | | | | |

## Australien früher bewohnt als angenommen *Nr. 54*

Forscher haben in einem abgelegenen Gebiet im Westen Australiens riesige Steinskulpturen entdeckt. Aborigines hatten den Archäologen den Weg zu der Fundstelle gewiesen. Die Skulpturen haben Inschriften, deren Alter auf bis zu 75.000 Jahre geschätzt wird, womit sie zu den ältesten Kunstwerken der Welt zählen würden. Unter den Skulpturen stießen die Forscher jedoch auf noch viel ältere Funde: Werkzeuge von Menschen, die vor 176.000 Jahren in Australien gelebt haben müssen.

69 Wörter

**Anmerkung:** Anzugeben ist *Aborigines.*
**Trainingsschwerpunkte:** Groß- und Kleinschreibung, Dehnung durch ie.
**Quelle:** *Süddeutsche Zeitung* vom 23.9.1996, S. 12.

Die markierten Buchstaben der Rätselwörter ergeben den Namen einer ausgefeilten Jagd- und Kriegswaffe der Aborigines.

| | | | | | | | | | |
|---|---|---|---|---|---|---|---|---|---|
| | e | | | e | | | | | |
| | | | l | | t | | | e | |
| | | | i | | s | | | | |
| | | n | | | h | | | | |
| | i | | | i | | | | | |
| | | s | | r | | | | | |

**Lösungswort:**

| | | | | | | | |
|---|---|---|---|---|---|---|---|
| | | | | | | | |

## Der älteste Freund des Menschen *Nr. 55*

Nicht der Hund, sondern das Schwein ist das Haustier, das schon am längsten im Dienst des Menschen steht. Diesen Schluss legen 10.000 Jahre alte Siedlungsspuren nahe, die Archäologen in der Nähe der türkischen Stadt Diyarbakir entdeckt haben. Bei den Ausgrabungen fanden die Forscher neben menschlichen Skelett- und Nahrungsresten auch die Knochen und Zähne von Hausschweinen. Wie diese Überreste zeigen, wurden Schweine rund 500 Jahre früher domestiziert als Hund, Schafe und Ziegen, die bislang als älteste Haustiere galten.

77 Wörter

**Anmerkung:** Anzugeben ist das Wort *Diyarbakir*.
**Trainingsschwerpunkte:** Groß- und Kleinschreibung, Dehnung durch ie.
**Quelle:** *Süddeutsche Zeitung* vom 7.9.1995, S. 28.

Wenn du die fehlenden Buchstaben eingesetzt hast und die in Klammern angegebenen Buchstaben in der richtigen Reihenfolge anordnest, ergibt sich das Unterscheidungsmerkmal anhand dessen die Forscher zwischen Wild- und Hausschwein unterscheiden konnten.

| | | | | | | | | | | | | | | | | |
|---|---|---|---|---|---|---|---|---|---|---|---|---|---|---|---|---|
| sprunSildg | | | e | | | u | | | | s | | | | e | n | (7) |
| uaHrit | | | | s | | | e | | (1) | | | | | | | |
| ngoäoAcr | | | | h | | | l | | | e | | (5) | | | | |
| eneZ | | i | | g | | | (5) | | | | | | | | | |
| seziertod | | | m | | | t | | | i | | | | (8) | | | |

**Lösungswort:**

| | | | | |
|---|---|---|---|---|
| | | | | |

## Steinzeitmädchen entdeckt *Nr. 56*

Archäologen haben das Skelett eines vermutlich 6.500 Jahre alten Mädchens entdeckt. Es ist damit gut 1.500 Jahre älter als die berühmte Gletscherleiche „Ötzi“. Da es in einer damals nicht üblichen Hockstellung beigesetzt worden ist, nimmt man an, dass es an Fieberkrämpfen gestorben oder erfroren ist. Das Mädchen dürfte bei seinem Tod höchstens 13 Jahre alt gewesen sein.

57 Wörter

**Trainingsschwerpunkte:** Groß- und Kleinschreibung, Verdoppelung von Konsonanten, Fremdwörter.
**Quelle:** Nach *Süddeutsche Zeitung* vom 21./22.9.1996, S. 16.

Wenn du das Rätsel ausgefüllt hast, geben dir die markierten Buchstaben die Stadt an, in deren Nähe das Mädchen gefunden wurde.

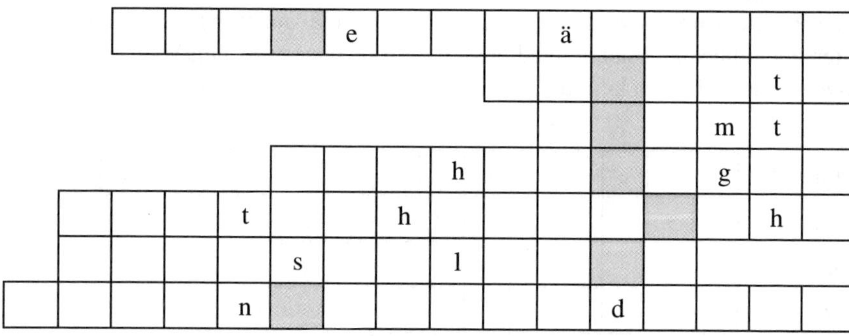


**Lösungswort:**

Das Skelett des Mädchens wurde

gefunden.

## Blockhaus aus der Steinzeit

*Nr. 57*

Archäologen haben den ältesten Holzbau der Welt entdeckt. Dabei handelt es sich um ein Brunnenhaus der Bandkeramiker, das bei Grabungen im westlichen Rheinland freigelegt wurde. Der 7.300 Jahre alte Fund gilt als Sensation. Die Datierung des wohl jungsteinzeitlichen Holzes ist durch Baumringuntersuchungen und Kohlenstoffanalysen gesichert. Die Bandkeramiker gehören zu einer Kulturgruppe der Jungsteinzeit in Mitteleuropa, die ihre Tongefäße bandförmig verzierten.

60 Wörter

**Trainingsschwerpunkte:** Groß- und Kleinschreibung, zusammengesetzte Substantive, Fremdwörter.
**Quelle:** Süddeutsche Zeitung vom 27.9.1991, S. 64.

Die markierten Buchstaben der Rätselwörter ergeben den Namen der Epoche, die auf die Jungsteinzeit folgte.

| | | | | | | | | | | | | | |
|---|---|---|---|---|---|---|---|---|---|---|---|---|---|
| | | | n | | | | h | | u | | | | |
| | u | | | | t | | | n | | | | | – |
| | | | | | | | | l | | | | e | |
| | | l | | b | | | | | | | | | |
| | | h | | | | s | | o | | | – | | |
| | | | | | n | | | | s | | | | |
| | a | | | k | | | | | | k | | | |
| | u | | | u | | g | | | | p | | | |

**Lösungswort:**

Auf die Jungsteinzeit folgte die

| | | | | | | | | | |
|---|---|---|---|---|---|---|---|---|---|

## Der Gletschermann hat einen Namen *Nr. 58*

Der Jäger aus der Bronzezeit, der in einem Tiroler Gletscher gefunden wurde, wird in die Geschichtsbücher als „Mann vom Hauslabjoch“ eingehen. Das teilte Konrad Spindler von der Universität Innsbruck mit. Nach seinen Angaben richtet sich der wissenschaftliche Name nach dem Berg, auf dem der Mann gefunden wurde. Der Archäologe wandte sich gegen die Hypothese, wonach ein Unbekannter die Leiche mitsamt der Ausrüstung auf den Similaun-Gletscher geschafft und dort begraben habe.

70 Wörter

**Trainingsschwerpunkte:** Groß- und Kleinschreibung, Schreibung von Fremdwörtern, Verdoppelung von Konsonanten.
**Quelle:** *Süddeutsche Zeitung* vom 30.9.1991, S. 12.
**Literaturhinweis:** *Konrad Spindler*: Der Mann im Eis. München: Goldmann 1995.
*Gabriele Beyerlein*: Gabriele Beyerlein erzählt vom Gletschermann. Hamburg: Oetinger 1993.

Die markierten Buchstaben der Rätselwörter ergeben den Spitznamen des Gletschermannes, so wie er von einigen Zeitungen „getauft“ wurde (OE = Ö).

| | | | | | | | | | | | | |
|---|---|---|---|---|---|---|---|---|---|---|---|---|
| | | b | | | a | | n | | | | | |
| | | i | | | r | | | t | | | | |
| | | o | | | | z | | | | | | |
| | | p | | t | | | | | | | | |
| | | | s | | | s | | | a | | | – |
| | | | | | | | | l | | | | |

**Lösungswort:**

Der Jäger wird nach den Ötztaler Alpen auch

| | | | |
|---|---|---|---|
| | | | |

genannt.

## Harpunenspitzen beweisen Alter der Grönlandwale *Nr. 59*

Als ein Walfänger in Alaska kürzlich einen frisch erlegten Grönlandwal schlachtete, entdeckte er in der Speckschicht zwei steinerne Harpunenspitzen. Diese einfachen Waffen wurden bereits vor hundert Jahren von Metallspitzen ersetzt, die mit den kommerziellen Walfangflotten in die Arktis kamen. Der Fund lässt auf eine Lebenserwartung der Grönlandwale von mehr als hundert Jahren schließen. Der Wal sei also ein Jungtier gewesen, als er damals mit dem Leben davon kam.

68 Wörter

**Trainingsschwerpunkte:** Groß- und Kleinschreibung, Verdoppelung von Konsonanten, zusammengesetzte Substantive.
**Quelle:** *Süddeutsche Zeitung* vom 11.4.1996, S. I.
**Literaturhinweis:** *Hermann Melville*: Moby Dick (Kinder-Klassiker). Hamburg: C. Dressler 1992.

Die markierten Buchstaben der Rätselwörter ergeben den Namen einer Organisation, die sich unter anderem um den Schutz der Wale kümmert.

| | | | | | | | | | | | | | | |
|---|---|---|---|---|---|---|---|---|---|---|---|---|---|---|
| | | t | | | l | | | i | | z | | | | |
| | | ö | | l | | | d | | | | | | | |
| | | | | u | | e | | | p | | | z | | |
| | a | | f | | | | | | | | | | | |
| | | | m | | | z | | | | l | | | | |
| | | | c | | s | | | i | | | | | | |

**Lösungswort:**

| | | | | | | | | | |
|---|---|---|---|---|---|---|---|---|---|
| | | | | | | | | | |

## Wanderdünen-Museum von Wanderdünen verschüttet *Nr. 60*

An der dänischen Nordseeküste gibt es ein Wanderdünen-Museum, das nun schließen muss, weil es langsam aber sicher von Wanderdünen begraben wird. Vermutlich ist schon in wenigen Wochen das erste Haus vollständig mit Sand bedeckt. Bisher hatte sich die Gemeinde darum gekümmert, dass die sich auftürmenden Sandmassen weggeschafft werden. Jetzt will die Kommune nicht mehr zahlen. Der Grund dafür ist, dass die Kosten dafür um das Dreifache gestiegen sind.

68 Wörter

**Trainingsschwerpunkte:** Groß- und Kleinschreibung, Wörter mit doppelten Konsonanten, dass.
**Quelle:** Nach *Süddeutsche Zeitung* vom 18.10.1991, S. 60.

Wenn du das Rätsel mit den richtigen Wörtern aus dem Text füllst und die markierten Buchstaben richtig anordnest, so erfährst du, wie die Bewohner Dänemarks vor tausend Jahren genannt wurden.

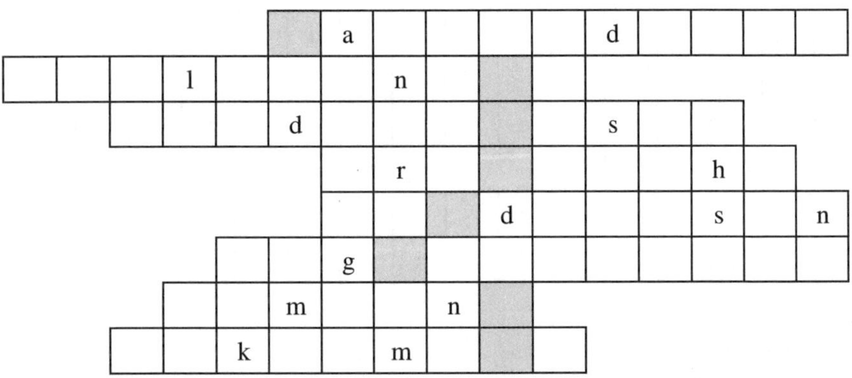

**Lösungswort:**

Vor 1000 Jahren nannte man die Bewohner Dänemarks

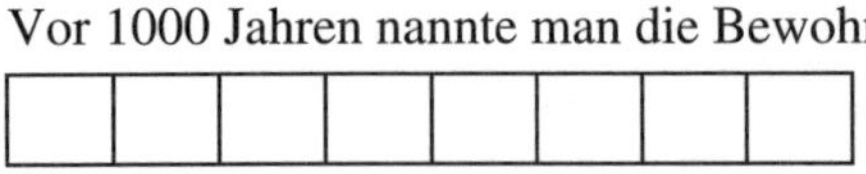

## DDR-Geld wird Sammelobjekt *Nr. 61*

Das seit Oktober 1991 durch die D-Mark ersetzte DDR-Geld ist weitgehend aus unserem Bewusstsein verschwunden. Als Sammelobjekt steigt der Kurs der einst geschmähten Währung jedoch unaufhaltsam an. Zudem feiern die Aluchips eine unerwartete Wiedergeburt als Baubeschläge und Türgriffe. Zur Zeit der Geldumstellung galt für die einst im Westen belächelten DDR-Münzen ein Schrottwert von 1,65 Mark je Kilo. Heute wird mit ihnen bereits das Vielfache ihres Nennwertes in D-Mark erzielt.

69 Wörter

**Trainingsschwerpunkte:** Groß- und Kleinschreibung, Verdoppelung von Konsonanten.
**Quelle:** Nach *Süddeutsche Zeitung* vom 5./6.10.1996, S. 12.

Die in Klammern angegebenen Buchstaben der Rätselwörter ergeben den Namen eines Bauwerks durch das die DDR damals vom Westen getrennt werden sollte.

| | | | | | | | | | | | | | | | |
|---|---|---|---|---|---|---|---|---|---|---|---|---|---|---|---|
| lcisA | | | u | | h | | p | | (6) | | | | | | |
| mleSajbkt | | | m | | | | o | | | e | | | (2/4) | | |
| dueGtselug | | | l | | | m | | | | l | | | n | | (4) |
| grfeiTr | | ü | | | | | f | | | (3/9) | | | | | |
| sutBeens | | | w | | | s | | | | i | | (4) | | | |
| neNewts | | | | n | | | r | | e | | (2) | | | | |

**Lösungswort:**

## Tschechische Republik *Nr. 62*

Vaclav Havel, Dichter und Präsident der Tschechischen Republik, hat Kritik am Sprachgebrauch westlicher Medien geübt. Diese redeten und schrieben fast nur noch von „Tschechien", wenn es um sein Land gehe. Bei einen Staatsbesuch in Österreich erklärte der Präsident, „Tschechien" klinge in seinen Ohren so, dass es ihm beinahe das Trommelfell zerreiße. Er selbst verwende für den Staat, dem er vorstehe, allein den offiziellen Ausdruck „Tschechische Republik".

66 Wörter

**Anmerkung:** Anzugeben ist der Name *Vaclav Havel.*
**Trainingsschwerpunkte:** Groß- und Kleinschreibung, Verdoppelung von Konsonanten.
**Quelle:** *Süddeutsche Zeitung* vom 11.6.3.1993, S. 12.
**Literaturhinweis:** *Vaclav Havel*: Ansprachen aus Anlass der Verleihung des Friedenspreises des Deutschen Buchhandels. Frankfurt/M: Buchhändler-Vereinigung 1989.
*Vaclav Havel*: Sommermeditationen. Reinbek: Rowohlt 1994

Die markierten Buchstaben der Rätselwörter ergeben den Namen eines Nachbarstaates der Tschechischen Republik.

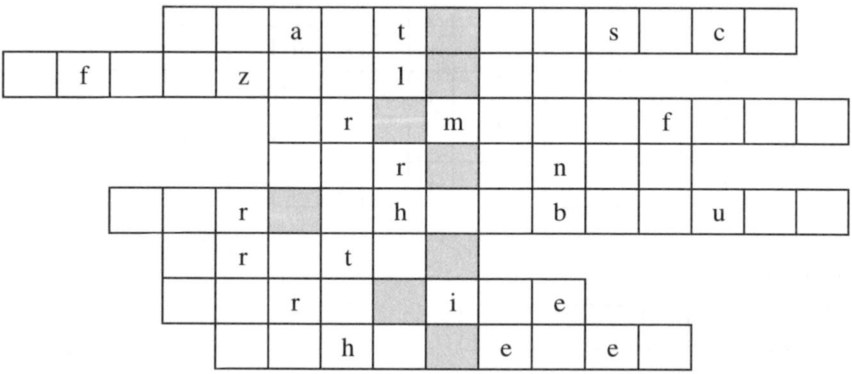


**Lösungswort:**

Der östliche Nachbar der Tschechischen Republik ist die

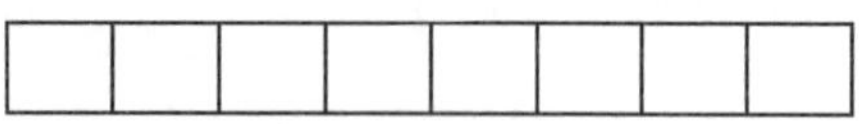

## Charles schreibt ein Buch *Nr. 63*

Der britische Kronprinz Charles, der als Experte auf dem Gebiet des biologischen Anbaus gilt, schreibt an einem Buch über organische Landwirtschaft. Schon mehrfach hatte der Prinz in Reden die britischen Farmer wegen ihres übermäßigen Einsatzes von Chemikalien und Giften kritisiert. Es ist nicht das erste Mal, dass Hoheit seinen Untertanen ein Buch beschert. Charles hat sich bereits als Autor eines Kinderbuches, eines Bandes mit eigenen Aquarellen und eines Werkes über britische Architektur hervorgetan.

72 Wörter

**Trainingsschwerpunkte:** Groß- und Kleinschreibung.
**Quelle:** Nach *Süddeutsche Zeitung* vom 9.19.1991, S. 60.
**Literaturhinweis:** *Charles, Prinz von Wales*: Der alte Mann von Lochnagar (Kinderbuch). Hamburg: Hille 1993. *Charles, Prinz von Wales*: Aquarelle. Freiburg: Eulen Verlag 1995.

Wenn du die markierten Buchstaben der Rätselwörter richtig anordnest, ergeben sie den Namen eines Schlosses, in dem sich Charles öfters aufhält.

| | | | | | | | | | | | | | |
|---|---|---|---|---|---|---|---|---|---|---|---|---|---|
| | | e | | m | | ß | | | | | | | |
| | | n | | | i | | | | | | a | | |
| | | o | | | g | | | | h | | | | |
| | | | m | | | a | | | e | | | | |
| | | u | | | e | | l | | | | | | |
| | | n | | | | b | | | h | | | | |

**Lösungswort:**

Das königliche Schloss, in dem sich Charles öfters aufhält, ist Schloss

| | | | | | | |
|---|---|---|---|---|---|---|
| | | | | | | |

## Millionen Deutsche können nicht lesen und schreiben *Nr. 64*

Rund 15 Prozent der Erwachsenen in den alten Bundesländern können weder lesen noch schreiben. Diese vier Millionen Deutschen könnten gerade noch ihre Unterschrift schreiben und einfache Überschriften lesen, so ein Experte. Sie würden aber schon bei kleinen Texten oder beim Ausfüllen eines Formulars scheitern. Dazu komme noch eine unbekannte Zahl vollständiger Analphabeten. Mehr als 70.000 Kinder verlassen jedes Jahr ohne Abschluss die Schule.

63 Wörter

**Trainingsschwerpunkte:** Groß- und Kleinschreibung, Verdoppelung von Konsonanten.
**Quelle:** *Süddeutsche Zeitung* vom 15./16.6.1996, S. 16.

Wenn du die markierten Buchstaben der Rätselwörter richtig anordnest, erfährst du, was sich diese Menschen nur schwer beschaffen können.

| | | | | | | | | | | | |
|---|---|---|---|---|---|---|---|---|---|---|---|
| | | w | | c | | s | | | | | |
| | | t | | | s | | | r | | | |
| | | h | | e | | | e | | | | |
| | | l | | i | | | e | | | | |
| | | b | | k | | | | t | | | |
| | | r | | u | | | r | | | | |
| | | p | | r | | | | | | | |

**Lösungswort:**

Analphabeten können sich nur schwer

| | | | | | | | |
|---|---|---|---|---|---|---|---|
| | | | | | | | – |
| | | | | | | | |

beschaffen.

## Deutschlands größter Windpark *Nr. 65*

Deutschlands größter Windpark wurde 1991 bei Niebüll in der Nähe der dänischen Grenze eingeweiht. Die Anlage soll nach dem vollständigen Ausbau aus 50 Windrädern bestehen und 10.000 Haushalte mit Strom aus Windenergie versorgen. Jährlich sollen hier 27 Millionen Kilowattstunden erzeugt werden.

41 Wörter

**Anmerkung:** Anzugeben ist das Wort *Niebüll.*
**Trainingsschwerpunkte:** Groß- und Kleinschreibung, Verdoppelung von Konsonanten.
**Quelle:** Nach *Süddeutsche Zeitung* vom 1.10.1991, S. 56.

Wenn du die fehlenden Buchstaben eingesetzt hast und die in Klammern angegebenen Buchstaben in der richtigen Reihenfolge anordnest, erfährst du den Namen des Meeres, an dem der Windpark liegt.

| | | | | | | | | | | | | | | | | |
|---|---|---|---|---|---|---|---|---|---|---|---|---|---|---|---|---|
| eindns | | ä | | | | c | h | | | (1) | | | | | | |
| eeghii | e | | n | | | w | | | | t | (7) | | | | | |
| cäirl | J | | h | | | | | h | (4) | | | | | | | |
| oaisttnK | | | l | | w | | t | | | | u | | d | e | n | (4) |
| roS | | t | | | m | (1) | | | | | | | | | | |
| eeinnri | W | | | d | | | | | g | | e | (5) | | | | |
| aiWnpr | | | | d | | | | k | (3) | | | | | | | |

**Lösungswort:**

Der Windpark liegt an der

| | | | | | | |
|---|---|---|---|---|---|---|
| | | | | | | |

## Die Tage werden kürzer *Nr. 66*

Durch große Staudämme, die in den letzten 40 Jahren bevorzugt in mittleren Breiten gebaut wurden, dreht sich die Erde schneller. So verkürzte sich seit den frühen 50er Jahren der Tag um 0,2 Millionstel Sekunden, wie die amerikanische Weltraumbehörde herausfand. In die Rechnung gingen Daten der 88 größten Staudämme, die vor allem in der ehemaligen Sowjetunion, in Kanada und Brasilien erbaut wurden, sowie geophysikalische Ergebnisse aus Satellitenmessungen ein.

67 Wörter

**Trainingsschwerpunkte:** Groß- und Kleinschreibung, Verdoppelung von Konsonanten.
**Quelle:** *Süddeutsche Zeitung* vom 11.4.1996, S. 1.

Die markierten Buchstaben der Rätselwörter ergeben den Namen eines Flusses in Brasilien, der an mehreren Stellen gestaut wird.

| | | | | | | | | | | | | | | | |
|---|---|---|---|---|---|---|---|---|---|---|---|---|---|---|---|
| | | g | | | n | | s | | | | | | | | |
| | t | | | d | | | m | | | | | | | | |
| | e | | | h | | | | k | | l | | | | h | |
| | | ö | | t | | | | | | | | | | | |
| | r | | | t | | | | | | | | | | | |
| | | t | | | l | | t | | | – | | | | | |
| | | m | | | s | | | g | | | | | | | |

**Lösungswort:**

| | | | | | | | | |
|---|---|---|---|---|---|---|---|---|
| | | | | | | | | |

# 3. Teil: Anhang – Wörterliste, Fachbegriffe und Lösungen

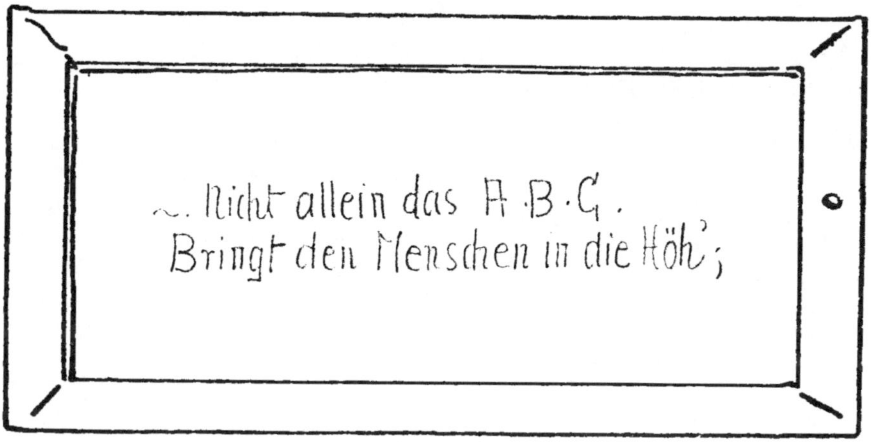


Handschrift: Wilhelm Busch, Rechtschreibung von 1864

## Die wichtigsten Wörter nach der neuen Rechtschreibung

### A

Abend, am Abend, eines Abends, heute Abend, Montagabend
abends, montags abends, montagabends
Abszess
Acht geben, sich in Acht nehmen, außer Acht lassen
ähnlich; Ähnliches, etwas Ähnliches
Albtraum/Alptraum
allgemein, allgemein verständlich; im Allgemeinen
allzu bald, allzu oft, allzu sehr
alt; das Alte, ganz der Alte sein, beim Alten bleiben, es beim Alten lassen, Alt und Jung
Amboss
anheim fallen, anheim stellen
arg; im Argen liegen
aufeinander treffen, aufeinander hören
Aufsehen erregend
auf sein
aufwändig/aufwendig
auseinander setzen
Ausschuss

### B

bange sein
Bange, jemandem Angst und Bange machen
bankrott sein
Bankrott gehen
Bass, Bassstimme
beißen, er biss
belämmert schauen
besonders; das Besondere, im Besonderen
Besorgnis erregend
beste; das Beste sein, der Beste, zum Besten stehen
bewusst
Biografie/Biographie
Biss
bisschen, ein bisschen
blass
Boss
Brennnessel

### D

dabei sein
dass (Konjunktion), der Dasssatz/der dass-Satz
dein (auch in Briefen Kleinschreibung; aber: Mein und Dein nicht unterscheiden)
Derartiges, etwas Derartiges
deutsch; Deutsch: deutsch unterrichten (in deutscher Sprache); in/auf Deutsch
dich
Dienstagabend
dir
du; auf Du und Du, das Du anbieten
dunkel; im Dunkeln tappen

### E

einzig; der Einzige, als Einziges
entschließen, entschloss
Entschluss

erste; der Erste, der erste Beste,
fürs Erste, als Erstes
essen, isst
euch
euer

## F
fahren: Auto, Rad, Bahn fahren
Fantasie/Phantasie
Fass
finster; im Finstern tappen
Fleisch fressend
fließen, floss
Fluss, Flusssand
Fußballländerspiel
Föhn (Haartrockner und Fallwind)

## G
Gämse (von Gams)
gefangen nehmen
genießen, genoss
Genuss
Geografie/Geographie
Geschoss
gewiss
gießen, goss
grässlich
Gräuel (von Grauen)

## H
Happyend/Happy End
Hass
hässlich
Haus, Haus halten, nach Hause,
zu Hause, von zu Hause,
das Zuhause
Hightech

## I
infrage stellen/in Frage stellen

## J
Jogurt/Joghurt

## K
Kaffeeersatz
Ketschup/Ketchup
Kompass
Kompromiss
Kongress
Kontrollleuchte
Kunststofffenster
Kuss
Känguru

## L
lassen, lässt
laufend; auf dem Laufenden sein

## M
Mal: das achte Mal, zum achten
Mal, dieses Mal, manches Mal
messen, misst
mithilfe/mit Hilfe

## N
nachhause/nach Hause
nass
Nummer, nummerieren
Nuss, Nussstrudel

## O
oft; des Öfteren

## P
100-prozentig
Paragraf/Paragraph
Portmonee/Portemonnaie
potenziell/potentiell
Prozess

## R
Rad fahren
rau, rauhaarig
Recht haben
reißen, riss
Riss
Ross

## S
Schenke/Schänke
schießen, schoss
Schifffahrt
schließen, schloss
schlimm; das Schlimmste
Schloss
Schluss
schnäuzen (von Schnauze)
Schnellleser
Schuld haben
Schuss
Schwimmmeister
selbstständig/selbständig
Spross
Stängel (von Stange)
Stewardess
Stofffetzen

## T
Teeernte
Tipp
trüb; im Trüben fischen
tschüs/tschüss

## U
ungewiss
Überschuss
überschwänglich

## V
Verdruss
Verlass
voraus; im Voraus

## W
Waggon/Wagon
Walnuss
Walross
wie viel, wie viele
wissen, du weißt, er wusste, ihr wisst

## Z
2-jährig, ein 2-Jähriger
2-teilig
zäh, Zähheit
Zierrat
Zooorchester
zuungunsten/zu Ungunsten
zurzeit; aber: zur Zeit der alten Römer
Zuschuss

## Wichtige Fachbegriffe

**Die Ableitung:** Verbindung von selbstständigen Wörtern oder Wortstämmen (z. B.: Tiefe) mit einem unselbstständigen Wortteil.
*Beispiel:* un + Tiefe = Untiefe

**Das Adjektiv:** Eigenschaftswort, auch Wiewort genannt. Es bezeichnet Eigenschaften von Substantiven.
*Beispiel:* der *schöne* Urlaubsort, das *ruhige* Zimmer, die *praktischen* Strandkörbe ...

**Das Adverb:** Umstandswort; es gibt die Umstände eines Geschehens an. Die Adverbien werden nach dem Umstand des Ortes (a), dem Umstand der Zeit (b), dem Umstand der Art und Weise (c) und dem Umstand des Grundes (d) eingeteilt.
*Beispiel:*
a) wo, hier, da, dort ...
b) wann, heute, damals ...
c) so, wie, fast, sicherlich ...
d) warum, deswegen, somit ...

**Der Artikel:** Geschlechtswort, auch Begleiter genannt. Er begleitet das Substantiv.
*Beispiel:* der, die das, ein, eine
Er kann je nach Fall verschiedene Formen annehmen: den, dem ...

**Der Infinitiv**: Grundform; bezeichnet Verben in ihrer unveränderten Form und endet auf -en, oder -n
*Beispiel:* geh*en* laufen wackel*n*, klingel*n* ...

**Die Kardinalzahl**: Grundzahl; mit ihr wird eine Menge oder Anzahl bezeichnet.
*Beispiel:* 0, 1, 2, 3, 4 ...

**Die Konjunktion:** Bindewort; mit der Konjunktion werden Wörter, Satzglieder und Sätze verbunden.
*Beispiel:* aber, denn dass, ob, und,
weil, obwohl, sowohl – als auch
entweder – oder, weder – noch ...

**Der Konsonant:** Mitlaut; er bezeichnet Laute, die nicht ohne begleitenden Vokal laut und deutlich gesprochen werden können.
*Beispiel:* m gesprochen „em“
z gesprochen „zet“

**Das Partizip:** Mittelwort; es wird aus dem Verb gebildet und ähnlich wie ein Adjektiv verwendet. Man unterscheidet zwei Arten von Partizipien. Partizip I oder Mittelwort der Gegenwart und Partizip II, auch Mittelwort der Vergangenheit genannt.
*Beispiel:* lachend – der lachende Mensch
Partizip I lachend, lesend, fürchtend ...
Partizip II gelacht, gelesen, gefürchtet ...

**Das Präfix:** Vorsilbe
*Beispiel:* ge-, un-, ver- ...
*ge*halten
*un*teilbar
*ver*urteilen ...

**Die Präposition:** Verhältniswort; es gibt das „Verhältnis“ eines Wortes zu Raum (a), Zeit (b), Grund (c) sowie Art und Weise (d) an.
*Beispiel:*
a) in, bei, auf unter ...
b) an, seit, um während ...
c) dank, wegen, weil ...
d) gemäß, ohne, mit ...

**Das Pronomen**: Fürwort; es steht an Stelle eines Substantivs (pro nomen = für das Nomen). Es wird in verschiedene Gruppen eingeteilt.
*Beispiel:*
Personalpronomen = ich, du, er, sie, es ...
Reflexivpronomen = sich, mich, dich ...
Possessivpronomen = mein, dein, sein ...
Demonstrativpronomen = der, dieser ...
Indefinitpronomen = man, jemand, niemand ...
Interrogativpronomen = wer?, was?, wie? ...
Relativpronomen = der, die, das, welcher ...

**Das Substantiv:** Hauptwort, auch Namenwort oder Nomen genannt. Es bezeichnet Personen, Gegenstände und Begriffe. Es gibt ihnen „Namen“.
*Beispiel:* der *Mensch,* die *Natur,* das *Haus* ...

**Die Substantivierung:** Man kann aus vielen Wörtern ein Substantiv machen, etwa dadurch, dass man einen Artikel vor das Wort setzt.
*Beispiel:* das *Lachen,* das *Polieren* ...

**Das Suffix:** Nachsilbe
*Beispiel:* -lich, -nis, -ung ...
herr*lich*
Erkennt*nis*
Tarn*ung* ...

**Der Superlativ:** höchste Steigerungsstufe
*Beispiel:* hoch, höher, am *höchsten*
am *besten*
am *klarsten* ...

**Das Verb:** Zeitwort, auch Tätigkeitswort genannt. Es steht für Tätigkeiten oder Geschehen. Mit ihm werden auch Unterschiede der Zeit (Gegenwart, Vergangenheit, Zukunft) angegeben und sie können in verschiedene Personen gesetzt werden. Man schreibt sie klein.
*Beispiel:* sehen, hören, fühlen;
sehen, sah, gesehen (Zeiten);
ich sehe, ich sah, er hat gesehen (Personen);
*haben, sein, werden* gelten als Hilfsverben.

**Der Vokal:** Selbstlaut; dazu zählen auch Umlaute (a) und Doppel- oder Zwielaute (= Diphtong) (b)
*Beispiel:*
a, e, i, o, u
a) ä, ö, ü
b) ai, au, äu, ei, eu

**Das Zahladjektiv:** Zahlwort; auch Zahleigenschaftswort genannt. Es gibt Zahladjektive, die bestimmte Eigenschaften in Verbindung mit Zahlen (a) ausdrücken, und unbestimmte Zahladjektive (b)
*Beispiel:*
a) zwei, zehn ...
erste, dritter ...
halb, viertel ...
sechsfach, tausendfach ...
b) viel, wenig alle ...

# Lösungen

## Großschreibung

**Lösungen zu den Übungen von Seite 9**
**Regeln auf Seite 5–8**

1. **Die passenden Wörter**

Er fährt (DAR) **Rad**. Sie hat (THCER) **Recht**. Die Firma geht (ETEPIL) **Pleite**. Ich habe keine (DULHCS) **Schuld**. Deinem Rat werde ich (EGLOF) **Folge** leisten. Im (EUGNDR) **Grunde** ist er ein netter Kerl. Denke auch an deinen (ETCNSÄHN) **Nächsten**, nicht nur an dich selbst.

2. **Der Text einer Postkarte**

Liebe Frau Kriegler,

ich bin mit meinen Eltern im Urlaub in der Nähe von Rimini. Es gefällt mir sehr gut. Ich hoffe, **Sie** können sich in den Ferien auch gut erholen. Ich wünsche **Ihnen** jedenfalls alles Gute.

Mit freundlichen Grüßen, **Ihre**
Anna

3. **Ein Telefonat mit dem Lieblingsonkel**

Onkel: Hallo, hier ist Onkel Franz. Ist denn jemand von den Eltern da?

Schüler/in: Hallo, Onkel Franz. Nein, die Eltern sind im Moment nicht da, sie sind **heute Abend** ins Kino gegangen.

Onkel: Du weißt ja, dass ich euch besuche. Eigentlich wollte ich schon **gestern Morgen** kommen, aber jetzt wird es wohl **Montagmittag.** Kann mich denn dann jemand vom Bahnhof abholen?

Schüler/in: Nein, ich glaube nicht. Die Eltern sind ja erst **am Abend** von der Arbeit zurück, manchmal kommen sie auch erst in der Nacht nach Hause. Aber am **Dienstagmorgen** ist Mutter zu Hause, die könnte dich dann abholen.

Onkel: Hm, ich muss nachschauen, ob dann ein Zug fährt. Am besten ist, ich rufe nochmal an. Ich wünsche dir inzwischen einen **guten Abend.** Deine Eltern siehst du ja vielleicht erst morgen. Sag ihnen, Onkel Franz wünscht ihnen einen **guten Morgen** und ruft nochmal an.

# Kleinschreibung

**Lösungen zu den Übungen von Seite 14–15**
**Regeln auf Seite 10–13**

1. **Ergänzungen**

> Innerhalb einer viertel **S**tunde (**S**) **g**ingen (**V**) bei der Lübecker Polizei neun Anrufe ein, bei denen jedes Mal nur ein Faxsignal zu **h**ören (**V**) war. Die Beamten waren etwas beunruhigt, **m**achten (**V**) die Adresse der Anruferin ausfindig und **e**ntdeckten (**V**) eine Katze, die es sich auf dem Faxgerät ihrer Besitzerin **b**equem (**A**) gemacht hatte. Offenbar war das **s**chlummernde (**V**) Tier immer wieder auf die **W**ahltaste (**S**) für den Polizeinotruf **g**ekommen (**V**). Die Aktion war nach einer viertel Stunde zu Ende.

2. **Fragen beantworten**

Die Anrufe gingen im Zeitraum von einer **viertel Stunde** ein. Es war nur **eine** Katze beteiligt. Es gingen **neun** Anrufe ein. Die Polizisten waren **etwas** beunruhigt. Die Aktion dauerte **eine viertel** Stunde.

3. **Lösungsvorschlag** für einen kurzen **Brief**

Liebe Oma,
ich bin jetzt schon drei Tage an meinem Ferienort und möchte **dir** heute schreiben, dass es mir gut geht. Ich glaube, **du** würdest auch gerne hier am Strand sein, aber leider bist **du** ja krank geworden. Ich hoffe, dass **deine** Gesundheit bald wieder hergestellt ist ...

Alles Gute wünscht **dir** jedenfalls **dein**

*Dieter*

# Anwendung des Stammprinzips

## Lösungen zu den Übungen von Seite 17–18
## Regeln auf Seite 16

1. **Gleicher Wortstamm**

... W**e**ltenbu**mm**ler ... (W**e**lt, bu**mm**eln ⇨ W**e**ltenbu**mm**ler)
... B**ä**nder ... (B**a**nd ⇨ B**ä**nder)
... nu**mm**erieren ... (Nu**mm**er ⇨ nu**mm**erieren)
... aufw**ä**ndig ... (Aufw**a**nd ⇨ aufw**ä**ndig) oder
... aufw**e**ndig ... (w**e**nden ⇨ aufw**e**ndig)
... überschw**ä**nglich ... (Überschw**ang** ⇨ überschw**ä**nglich)
... G**ä**nse ... (G**ans** ⇨ G**ä**nse)
... bel**ä**mmert ... (L**a**mm ⇨ bel**ä**mmert).

2. **Wörter bilden**

stBamsesim ⇨ Ba**sss**timme
rslnBesnene ⇨ Bre**nnn**essel
gxpsnEredsensu ⇨ Expre**sss**endung
sgücshenustig ⇨ genu**sss**üchtig
ehringGercsririe ⇨ Geschi**rrr**einiger
aaHlnpreädebllndsil ⇨ Handba**lll**änderspiel
urhcstsHaseulnsa ⇨ Haselnu**sss**trauch
ittpoetScmhr ⇨ Schri**ttt**empo
fltefSüofl ⇨ Sto**fff**ülle

3. **Lösungswort**

Bä**r** (3) G**ä**mse (2) N**u**mmer (2) Föh**n** (4) Wol**k**e (4) Jo**gu**rtbecher (3/4)

| | | | | | | |
|---|---|---|---|---|---|---|
| K | Ä | N | G | U | R | U |

# Konsonanten verdoppeln

**Lösungen zu den Übungen von Seite 20–21**
**Regeln auf Seite 19**

1. **Verdoppele die Konsonanten**

   Ra **tt** e (oder Ra **pp** e, Ra **ss** e), Ha **pp** en (oder die Ha **ll** en), Wa **ss** er, Wa **tt** e (oder Wa **ff** e), ko **mm** en, La **pp** en (oder die La **tt** en), la **ss** en, ne **pp** en, die He **nn** en (oder He **ss** en), ra **ff** en (oder ra **mm** en), Ha **ll** e, ha **ss** en (oder ha **tt** en, ha **rr** en, ha **ll** en), Ra **ss** el (Ra **pp** el, Ra **ff** el), Scha **tt** en

2. **Wörter mit doppelten Konsonanten** aus den Minutendiktaten Nr. 11 und 25

| pp | ss | tt | ll | mm | ff |
|---|---|---|---|---|---|
| sto**pp**en | Abwä**ss**ern | Dri**tt**el | bakterie**ll**e | aufgeno**mm**en | Gärsto**ff**e |
| | Wa**ss**er | Ra**tt**en | Dienststе**ll**e | | o**ff**iziellen |
| | | Ra**tt**enjagd | Fa**ll**en | | |
| | | Ra**tt**enschwänze | Ke**ll**ereien | | |
| | | | Mi**ll**ion | | |
| | | | offizie**ll**en | | |
| | | | Wa**ll**is | | |

3. Wörter, die **früher mit ß** geschrieben wurden, sind **unterstrichen:**
   Kasse, lassen, küssen, müssen, lassen, hassen, <u>Hass</u>, <u>Kuss</u>, <u>Schluss</u>, <u>Schloss</u>, <u>muss</u>, <u>Fluss</u>

4. **Reimwörter**

   Eine kleine Mücke
   fliegt durch eine *Lücke*.
   Eine fette Katze
   schlägt sie mit der *Tatze*.
   Wegen großer Hitze
   erzählen wir uns nun *Witze*.

5. **Wörter mit doppelten Konsonanten**

Nuss/Kuss ■ Hummer/Kummer ■ Pass/Hass ■ Zoll/toll

**Lösungswort:**

| | | | | | | |
|---|---|---|---|---|---|---|
| **s** | **a** | **m** | **m** | **e** | **l** | **n** |

6. **Ergänze die Geschichte**

Der Mann stöhnte unter der Hitze. Um sich vor den Mücken zu schützen setzte er dennoch eine Mütze auf. Die Katze hatte es besser. Die lag auf einer Matratze und war ganz zufrieden.

# Der s-Laut (ss)

**Lösungen zu den Übungen von Seite 23–24**
**Regeln auf Seite 22**

1. **Wörter mit doppeltem s in alphabetischer Reihenfolge**

   aggressiv, Artgenossen, besser, dass, depressiv, Fluss, geflossen, gewusst, muss, Wasser, Wasserpfützen, Weinfässer, Winzergenossenschaft, Wissenschaftlerin

2. **Kreuzworträtsel**

| | | | | | | | |
|---|---|---|---|---|---|---|---|
| | | | | | | F | |
| | | | | | | L | |
| | | | | | | O | |
| | | G | E | B | I | S | S |
| | | A | | | | S | |
| N | Ü | S | S | E | | E | |
| | | S | | S | | N | |
| | S | E | S | S | E | L | |
| | | | | E | | | |
| | | | | N | | | |

3. **Vom Ausgangswort zum Zielwort**

| | | | |
|---|---|---|---|
| Tasse | ➪ Gasse | ➪ Güsse | ➪ Schüsse |
| Massen | ➪ Messen | ➪ müssen | ➪ küssen |
| schossen | ➪ gossen | ➪ Gassen | ➪ Tassen |

# Der s-Laut (ß)

## Lösungen zu den Übungen von Seite 25
## Regeln auf Seite 22

1. **Reimwörter**

| | | | |
|---|---|---|---|
| grüßen ➪ | büßen, versüßen | heiß ➪ | weiß |
| schließen ➪ | gießen, fließen | Straße ➪ | Maße |
| sie aßen ➪ | saßen, vergaßen | fließen ➪ | schießen, gießen |
| groß ➪ | Floß, bloß | beißen ➪ | heißen |

2. **Ergänze**

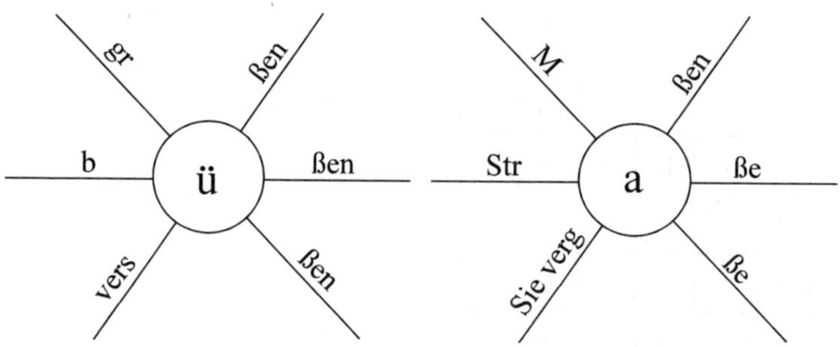


3. **Ergänzte Sätze**

Er vergaß sein Geld in der Gemeindebücherei. Die Katze fing sich eine Maus und fraß sie auf. Viele Bäche fließen in die Isar. Am Straßenrand lauert ein Bussard auf Beute. Schließlich setzte sich das Kind auf Omas Schoß.

## Dehnung durch h, ie oder doppelte Vokale

**Lösungen zu den Übungen von Seite 29**
**Regeln auf Seite 26–28**

1. **Dehnungen durch h, ie oder doppelte Vokale**

| **Dehnung durch** | | | | |
|---|---|---|---|---|
| **h** | **ie** | **aa** | **ee** | **oo** |
| Bewo**h**ner | transport**ie**rt | St**aa**tsbesuch | M**ee**r | Z**oo** |
| obwo**h**l | T**ie**rarten | St**aa**t | S**ee** | Z**oo**wärter |
| Gefä**h**rtin | T**ie**rschützer | | | |
| Stra**h**lung | Betr**ie**b | | | |
| gefä**h**rden | T**ie**flandgorilla | | | |
| Stra**h**len | W**ie** | | | |
| i**h**m | schr**ie**ben | | | |
| Wo**h**nung | D**ie**/d**ie** | | | |
| erhö**h**te | D**ie**se | | | |
| 33-jä**h**rige | | | | |
| unterne**h**men | | | | |
| Bedro**h**ung | | | | |
| abgele**h**nt | | | | |

2. **Kreuzworträtsel**

| | | | | | | | |
|---|---|---|---|---|---|---|---|
| | | | | F | E | E | |
| | | Z | O | O | | A | |
| | | | | H | A | A | R |
| | | | | L | | L | |
| | | B | I | E | R | | |
| | | E | | N | | | |
| T | E | E | R | | | | |
| | | T | | | | | |

3. **Wörter zusammensetzen**

boh | ren  Foh | len  flie | hen  sie | ben  füh | len  mar | schie | ren

ra | sie | ren  leh | ren  ah | nen

# Ähnlich klingende Konsonanten

**Lösungen zu den Übungen von Seite 32**
**Regeln auf Seite 30–31**

1. **Wörter, die auf b, p, g, k, d oder t enden**

| | | | | | |
|---|---|---|---|---|---|
| Betrie**b** | ➪ | Betrie**be** | knap**p** | ➪ | knap**pe** |
| eingekeil**t** | ➪ | eingekeil**te** | lan**g** | ➪ | lan**ge** |
| entlan**g**/lan**g** | ➪ | lan**ge** | mi**t** | ➪ | mi**tt**en |
| Fun**d** | ➪ | Fun**de** | Polizeiberich**t** | ➪ | Polizeiberich**te** |
| ga**b** | ➪ | ge**b**en | stamm**t** | ➪ | stamm**te** |
| gebrach**t** | ➪ | er brach**te** | vorgestell**t** | ➪ | vorgestell**te** |
| genarr**t** | ➪ | genarr**te** | vorwiegen**d** | ➪ | vorwiegen**de** |
| gesetz**t** | ➪ | gesetz**te** | währen**d** | ➪ | währen**de** |
| Gleichgewich**t** | ➪ | Gewich**te** | Ziegenbo**ck** | ➪ | Ziegenbö**ck**e |
| hiel**t** | ➪ | sie hiel**t**en | | | |

2. **Ergänze die folgenden Wörter**

| | | |
|---|---|---|
| **V**ieh | **v**erraten | **V**ase |
| **V**ater | **v**on | **V**agabund |
| **v**ielleicht | Ner**v**en | **V**atikan |
| **v**erlieren | **V**entil | |

3. **Der Anfang eines Kurzkrimis** (Lösungsvorschlag)

Es war Abend. Sherlock Holmes, der berühmte **Detektiv**, hatte sich hinter einem Auto versteckt und beobachtete das Haus auf der anderen Straßenseite. Seine Hände umspannten den Griff eines **Revolvers**, denn dieser Auftrag war äußerst gefährlich. Einige Meter von ihm entfernt hielt plötzlich ein Auto, **vier** Männer stiegen aus. Holmes unterdrückte einen Fluch, er kannt die Burschen: das waren Polizisten, **zivil** natürlich, nicht in Uniform. Wollten die sich einmischen, jetzt, wo er den Fall fast gelöst hatte? Holmes atmete tief durch. Nur die **Nerven** nicht **verlieren**, dachte er ...

# Schreibung von Fremdwörtern

**Lösungen zu den Übungen von Seite 35**
**Regeln auf Seite 33–34**

1. **Buchstabenfeld: acht Fremdwörter**

| | | | | | | | | | | | | | |
|---|---|---|---|---|---|---|---|---|---|---|---|---|---|
| B | L | F | O | T | O | G | R | A | F | I | E | Z | O |
| N | J | O | G | U | R | T | B | K | B | X | D | A | K |
| Z | N | Z | T | N | S | A | I | V | L | F | K | L | O |
| P | G | R | A | F | O | L | O | G | E | R | Q | N | H |
| C | L | V | S | I | H | W | G | C | V | E | F | B | T |
| R | A | Z | T | S | I | B | R | G | B | V | M | C | L |
| D | G | L | H | C | Z | J | A | P | W | I | X | D | E |
| E | M | Y | M | H | Q | T | F | D | M | E | S | F | N |
| K | R | S | A | M | O | N | I | T | O | R | Z | A | P |
| K | A | R | A | W | A | N | E | G | Y | H | Z | E | C |

2. **Fremdwörter im Brief**

Endlich sind Ferien. Gleich am ersten Abend bin ich in eine **Diskothek** gegangen. Leider hat der **Diskjockey** selten meinen Geschmack getroffen. Die Musik hat mir nicht gefallen. Viel besser haben mir in einem italienischen Lokal die **Spagetti** geschmeckt. Als Nachtisch gab es **Jogurt.** Das war lecker.

3. **Wort und Fremdwort**

Pfadfinder ➪ **Boyscout**
Kaugummi ➪ **Chewinggum**
Ferngespräch ➪ **Telefonat**
Rechtschreibung ➪ **Orthografie**

# Zusammenschreibung

**Lösungen zu den Übungen von Seite 37**
**Regeln auf Seite 36**

1. **Trennen in einzelne Wörter**

   **Zurzeit** geht es mir nicht gut, deshalb lasse ich mich **krankschreiben**.
   Er sollte seine Arbeit erledigen, **stattdessen** ist er aber ins Kino gegangen.
   **Irgendetwas** stört mich an der Sache.
   Er wollte mir **widersprechen**, aber die richtigen Worte fielen ihm nicht ein.
   Er hatte gehört, dass der Schlossherr **schlafwandelt**.
   Ich habe die Geschichte nicht verstanden, du müsstest sie mir ins Deutsche **übersetzen**.
   Wir hatten gehofft, dass das Experiment erfolgreich ist, aber nun ist es doch **fehlgeschlagen**.

2. **Eine kleine Geschichte** (Lösungsvorschlag)

   Das ist ein Urlaub: Der Hotelier, ein älterer Herr aus noch älterem Adel, **schlafwandelt**. Der Oberkellner kann die Speisekarte nicht **übersetzen** und wenn man ihm **widerspricht**, wird er ausfallend. Das Wetter ist schlecht, der Hausarzt hat außerdem gesagt, ich soll nicht **bergsteigen**. Alle Versuche, mit einem netten Mädchen in meinem Alter ins Gespräch zu kommen, sind **fehlgeschlagen**. Meine Eltern sind über Tante Elisabeth sehr verärgert. Sie hatte uns nämlich das Hotel empfohlen und gesagt: „Ihr werdet es genießen und dort in den Ferien die tollsten Dinge **vollbringen**.“

# Getrenntschreibung

**Lösungen zu den Übungen von Seite 39**
**Regeln auf Seite 38**

1. **Wörter einsetzen**

   Ich komme gleich, ich muss erst noch **Teppich klopfen** und **Staub saugen**!
   Schau dir mal das Foto an. An dieser Raststätte haben wir **Halt gemacht**.
   Im Winter möchte ich **Schlitten fahren**
   Ich habe ein Rad und ich kann **Rad fahren**.
   Sei ruhig, wir dürfen keinen **Lärm machen**.
   Wenn sich meine Leistungen nicht sehr verbessern, werde ich wohl **sitzen bleiben**.

2. **Den Text in einzelne Wörter trennen**

   Diese Tafelanschrift soll **stehen bleiben**.
   Es handelt sich um ein **Besorgnis erregendes** Ereignis.
   Es gibt nichts Schöneres als **Schlitten fahren**.
   Du sollst mich nicht immer **durcheinander bringen.**
   Ich wollte **dort bleiben**, aber es ging nicht.
   Ich möchte mal einen bekannten Künstler persönlich **kennen lernen**.
   Ja, ich kann **Maschine schreiben**.

## Schreibung mit Bindestrich

**Lösungen zu den Übungen von Seite 42**
**Regeln auf Seite 40–41**

1. **Sätze ergänzen**

   Sie war mit einem **18-Jährigen** befreundet.
   Es kommt **100-prozentig** zu einer Katastrophe.
   An meinem Geburtstag werde ich eine **2-tägige** Party feiern.

2. **Missverständnisse durch Bindestriche vermeiden**

   Er hatte seine Lehrzeit beendet und bekam nun sein **Drucker-Zeugnis.** (Nicht: Druck-Erzeugnis)
   Er konnte auf ein langes **Musiker-Leben** zurückblicken. (Nicht: Musik-Erleben)
   Unsere Firma ist auf die Herstellung erstklassiger **Druck-Erzeugnisse** spezialisiert. (Nicht: Drucker-Zeugnisse)

3. **Sinnvolle Verbindungen mit Bindestrich**

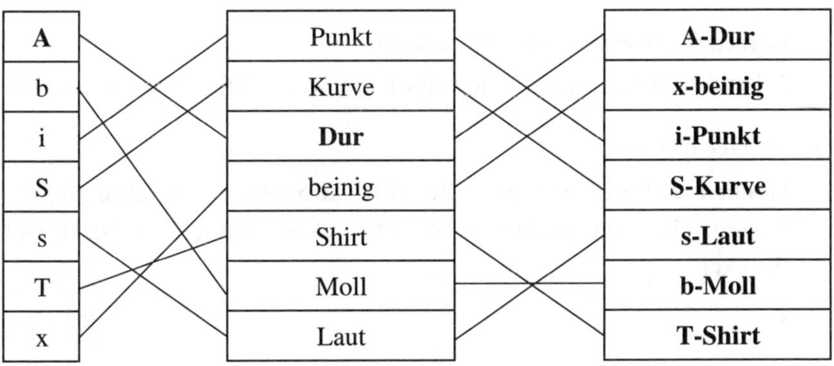

# Worttrennung am Zeilenende

**Lösungen zu den Übungen von Seite 45–46**
**Regeln auf Seite 43–44**

1. **Wörter trennen**

**El | tern** ■ Drit | tel ■ bei | ßen ■ Ar | mut ■ Karp | fen ■ dun | kel ■ Trai | ning ■ Mu | se | um ■ eu | ro | pä | i | sche ■ trau | rig ■ Bin | de | strich ■ Au | ge ■ Ge | sell | schaft

2. **Wörter aus Silben zusammensetzen**

| | | | | | | |
|---|---|---|---|---|---|---|
| A | ~~Ab~~ | ~~Abent~~ | ben | teu | er | *A-ben-teu-er* |
| A | ~~Aber~~ | ~~Aberg~~ | ber | glau | be | *A-ber-glau-be* |
| Schau | ~~fen~~ | fens | ~~fenst~~ | ~~er~~ | ter | *Schau-fens-ter* |
| ~~Wü~~ | Wüs | ~~Wüst~~ | ~~ste~~ | te | ~~w~~ | *Wüs-te* |
| ~~Hu~~ | Hus | ~~Hust~~ | ~~sten~~ | ten | saft | *Hus-ten-saft* |

3. **Getrennte Wortteile zusammenfügen**

**A-bend** / a-ber / e-ben / E-cho / eu-ro-pä-i-sche / O-fen / o-ben / o-der / U-fer

4. **Wörter trennen**

**la | chen** ha | cken wa | chen Zu | cker Stro | phe wahr | schein | lich Wa | che Bä | cker dre | schen er | schre | cken Ma | sche ü | ber | ra | schen Za | cken

5. **Unterschiedlich trennen**

| | | |
|---|---|---|
| hinauf | hi-nauf | hin-auf |
| interessant | in-ter-es-sant | in-te-res-sant |
| warum | wa-rum | war-um |
| heran | he-ran | her-an |
| vollenden | voll-enden | vol-len-den |

# Zeichensetzung

**Lösungen zu den Übungen von Seite 51–52**
**Regeln auf Seite 47–50**

1. In die folgenden Satzgefüge **müssen** Kommas eingesetzt werden.

> Das Haus, das auf dem Berg liegt, gefällt mir besonders gut.
> Gestern war er nicht in der Schule, weil er krank war.
> Ich finde es schön, dass du doch noch gekommen bist.
> Die Tür, die zum Hof hinausführt, klemmt.

2. **Aufzählungen**

Mitzubringen sind Regenbekleidung, feste Schuhe,
ein Rucksack, Wäsche zum Wechseln
und Verpflegung.

Mögliche Probleme sind Müdigkeit, fehlende
Routine, falsche Ausrüstung, schlechtes Wetter
und ungenügende Vorbereitung.

3. **Ein Dialog mit notwendigen Satzzeichen**

„Hanna", sagt Dietz, „spiel doch mit mir."
„Nein", sagt Hanna. „Ich mag jetzt nicht."
„Hanna", ruft Dietz, „bei dem roten Auto ist ein Rad ab. Kannst du das wieder dranmachen?"
„Nein", sagt Hanna. „Jetzt lass mich endlich in Ruhe."

## Rechtschreibrätsel

**Katze macht Faxen** *Nr. 1*

**Lösungen zum Rechtschreibrätsel von Seite 59**

Adresse
Lübecker
innerhalb
entnervten
offenbar
schlummernde

**Lösungswort: Ostsee**

**Gockel ruiniert Besitzerin** *Nr. 2*

**Lösungen zum Rechtschreibrätsel von Seite 60**

zahlungsunfähig
ruiniert
ländlichen
Kontrahent
Katastrophe

**Lösungswort: Indien**

**Kuh im Swimmingpool** *Nr. 3*

**Lösungen zum Rechtschreibrätsel von Seite 61**

Tier
Pool
stürzte
Koppel
eingebracht
Feuerwehr
Grundstücksbesitzer

**Lösungswort: Balneologie**

**Tapferkeitsorden für australischen Hund** *Nr. 4*

**Lösungen zum Rechtschreibrätsel von Seite 62**

Anschließend
Terrier
giftigen
neunjähriges
gerettet
Reptil
Tierklinik
gebissen

**Lösungswort: Gegengift**

**Hängebauchschwein entrinnt dem Schlachtbeil** *Nr. 5*

**Lösungen zum Rechtschreibrätsel von Seite 63**

gewusst
mitteilte
Selbstversorgung
muss
freiwillig
Artgenossen
Hängebauchschwein

**Lösungswort: Allesfresser**

**Rennschwein Rudi Rüssel gestorben (1)** *Nr. 6*

**Lösungen zum Rechtschreibrätsel von Seite 64**

gleichnamigen
Tierschützern
umgekommen
Rennschwein
Verstoßes
Tierschutzgesetz

**Lösungswörter: Uwe Timm**

**Rennschwein Rudi Rüssel gestorben (2)** *Nr. 7*

**Lösungen zum Rechtschreibrätsel von Seite 65**

Rüssel
Dreharbeiten
gleichnamige
torkelt
saufen
Flüssigkeit

**Lösungswort: Trüffel**

**Zirkusschwein beschäftigt Richter** *Nr. 8*

**Lösungen zum Rechtschreibrätsel von Seite 66**

gewusst
Zirkusschweins
Heißhunger
Spanplatten
Urteilsbegründung
Transportunternehmens

**Lösungswort: Schweinepest**

**Jäger mit Wildschwein verwechselt** *Nr. 9*

**Lösungen zum Rechtschreibrätsel von Seite 67**

irrtümlich
Wildschweinjagd
Saisonbeginn
erschossen
Frankreich
Jagdunfällen

**Lösungswort: Keiler**

**Fische in der Wüste** *Nr. 10*

**Lösungen zum Rechtschreibrätsel von Seite 68**

Wasserpfützen
verblüffendes
verwirrt
transportiert
Wasser
Wissenschaftlerin

**Lösungswort: Sahara**

**Ein Farbfernseher für 10.000 tote Ratten** *Nr. 11*

**Lösungen zum Rechtschreibrätsel von Seite 69**

offiziellen
Rattenjagd
unbezahlbarer
Drittel
Rattenschwänze
Luxusartikel

**Lösungswort: Indien**

**Ratten gedeihen unter Polizeischutz** *Nr. 12*

**Lösungen zum Rechtschreibrätsel von Seite 70**

Sprengsätzen
Abfallkörben
Terroranschläge
verschlossenen
französischen
gehäuft

**Lösungswort: Beulenpest**

**Indische Amsel narrt Polizei in Genua** *Nr. 13*

**Lösungen zum Rechtschreibrätsel von Seite 71**

drinnen
italienischen
Polizei
stimmgewaltige
fasste
erschrocken

**Lösungswort: Polizia**

**Ziegenbock narrt Polizei** *Nr. 14*

**Lösungen zum Rechtschreibrätsel von Seite 72**

Tierheim
Ziegenbock
Verkehrsregeln
genarrt
ordnungsgemäß
Sackgasse

**Lösungswort: Kinnbart**

**Wilde Affen erobern Delhi** *Nr. 15*

**Lösungen zum Rechtschreibrätsel von Seite 73**

Inkarnation
drangsalieren
bedienen
kaum
Kühlschrank
Hauptstadt

**Lösungswort: Hinduismus**

**Bissiges Raubtier fällt schlafendes Kind an** *Nr. 16*

**Lösungen zum Rechtschreibrätsel von Seite 74**

scharfzähnigen
Frettchen
Bissen
dreijährigen
Wohnhaus
Notaufnahme

**Lösungswort**: Aubing

**Drogenhund entdeckt tiefgefrorene Skorpione** *Nr. 17*

**Lösungen zum Rechtschreibrätsel von Seite 75**

Lieferwagen
eisgekühlte
Zollbeamte
eingegossen
Drogenhund
Briefbeschwerern

**Lösungswort: Sternbild**

**Leguan aus Umhängetasche entwischt** *Nr. 18*

**Lösungen zum Rechtschreibrätsel von Seite 76**

Spaziergang
artgerechten
Reptil
Polizeibericht
Leguan

**Lösungswort: Echsen**

**Anwältin vertritt Gorilla** *Nr. 19*

**Lösungen zum Rechtschreibrätsel von Seite 77**

unbekannten
Gorilla
untrennbar
Artgenossen
Gefährtin
Nachwuchs

**Lösungswort: Afrika**

**Ozonloch bedroht Frösche und Kröten** *Nr. 20*

**Lösungen zum Rechtschreibrätsel von Seite 78**

ultraviolette
Amphibien
Ausdünnung
Kröten
veröffentlichte
Zusammenhang

**Lösungswort: Antarktis**

**Ein Viertel der Säugetiere vom Aussterben bedroht** *Nr. 21*

**Lösungen zum Rechtschreibrätsel von Seite 79**

bedrohten
aktuellen
Säugetiere
gefährlich
Primaten
Aussterben

**Lösungswort: Delfin**

**Kinder mit Haustieren lernen besser** *Nr. 22*

**Lösungen zum Rechtschreibrätsel von Seite 80**

Verhältnis
depressiv
niederländischen
Haustier
Fakultät
Tiermedizin

**Lösungswort: Hamster**

**Durstige Elefanten stürmen Schwarzbrennerei** *Nr. 23*

**Lösungen zum Rechtschreibrätsel von Seite 81**

Rüsseltiere
Kalkutta
illegale
Säufer
Hochprozentiges
Schwarzbrennereien

**Lösungswort: Ganges**

**Wein wird Fischen und Enten zum Verhängnis** *Nr. 24*

**Lösungen zum Rechtschreibrätsel von Seite 82**

verringern
Weinfässer
angeschwemmt
offenbar
Dutzend
Unbekannte

**Lösungswort: Traubenhaut**

**Betrunkene Bakterien stoppen Kläranlagen** *Nr. 25*

**Lösungen zum Rechtschreibrätsel von Seite 83**

fauliges
Kläranlagen
rühre
Abwässern
Gärstoffe
stoppen

**Lösungswort: Gärung**

**Bakterien entschärfen Bomben** *Nr. 26*

**Lösungen zum Rechtschreibrätsel von Seite 84**

weniger
biotechnischen
saniert
Mikroorganismen
Pilze
schonend
ökologische

**Lösungswort: Schwarz**

**17 Millionen Tote durch Infektionen** *Nr. 27*

**Lösungen zum Rechtschreibrätsel von Seite 85**

Millionen
Schätzung
resistent
Antibiotika
Erreger
Infektionskrankheiten

**Lösungswort: Missbrauchs**

**80 Prozent aller Kinder geimpft** *Nr. 28*

**Lösungen zum Rechtschreibrätsel von Seite 86**

Kinderlähmung
Jahrhunderts
Diphterie
Gesundheitsfürsorge
Infektionskrankheiten

**Lösungswort: Serum**

**Gefährlicher Sonnenbrand** *Nr. 29*

**Lösungen zum Rechtschreibrätsel von Seite 87**

Hautkrebs
Sonnenbrand
viele
Pigmentmale
Einfluss
gutartige
überdurchschnittlich

**Lösungswort: UV-Strahlung**

**Kinder werden seltener angeschnallt** *Nr. 30*

**Lösungen zum Rechtschreibrätsel von Seite 88**

Bequemlichkeit
Erkenntnissen
gestiegen
Sanktionen
angeschnallten
Kraftfahrer
**Lösungswort: Eisenbahn**

**Zwei Drittel aller Deutschen sind für Rauchverbote** *Nr. 31*

**Lösungen zum Rechtschreibrätsel von Seite 89**

Geldbuße
Rauchverbote
Minderheit
Arbeitsplatz
Verstößen
öffentlichen
dass
Nichtrauchergesetz
**Lösungswort: Passivraucher**

**Husten geheilt** *Nr. 32*

**Lösungen zum Rechtschreibrätsel von Seite 90**

Plastikdeckel
endlich
Diagnosen
Hustenreiz
Klinik
verschluckt
leidet
Lungeninfektionen
**Lösungswort: Penizillin**

**Fast die Hälfte der Deutschen ist zu dick** *Nr. 33*

**Lösungen zum Rechtschreibrätsel von Seite 91**

Phlegma
Ernährung
Erbinformation
Diätik
Eßgewohnheiten
Übergewicht
**Lösungswort: Barock**

**Den Deutschen ist das Frühstück heilig** *Nr. 34*

**Lösungen zum Rechtschreibrätsel von Seite 92**

durchschnittlich
französischen
Frühstücken
Briten
Mahlzeit
**Lösungswort: Müsli**

**Bußgeld für Nebelraser** *Nr. 35*

**Lösungen zum Rechtschreibrätsel von Seite 93**

Gesamtgewicht
Tempolimit
Autofahrern
Bußgeld
mindestens
gefährdet
Fahrverbot
Verkehrsteilnehmer
**Lösungswort: Bundesverkehrsminister**

**Langfinger bei Karl May** *Nr. 36*

**Lösungen zum Rechtschreibrätsel von Seite 94**

verschollen
dienende
Geburtsgemeinde
Schließung
unerklärliche
fanatischer
Siegel
Museumsstücke

**Lösungswörter: Kara Ben Nemsi**

**Stinkefinger kostet 900 Mark** *Nr. 37*

**Lösungen zum Rechtschreibrätsel von Seite 95**

verbotenen
Strafbefehl
24-jähriger
Überholmanövers
Stinkefingers
Autobahn
Überholens
bayerischen

**Lösungswort: Irschenberg**

**Wohlgeruch aus Metzgerei verführt Mann zu Einbruch** *Nr. 38*

**Lösungen zum Rechtschreibrätsel von Seite 96**

bediente
Metzgerei
tierischen
schnappte
Hunger
alkoholisierten
alarmierten
Einbrecher

**Lösungswort: Blutprobe**

**Polizei knackt Auto** *Nr. 39*

**Lösungen zum Rechtschreibrätsel von Seite 97**

mieten
Flughafenpolizei
Leihwagen
vergessen
Führerschein
brachen
Maschine
Kurzerhand

**Lösungswörter: driving licence**

**Bei Fahrraddiebstahl eingeschlafen** *Nr. 40*

**Lösungen zum Rechtschreibrätsel von Seite 98**

schnarchend
eingeschlafen
geknacktem
Diebstahls
Spezialwerkzeug
Schloss
Münchner

**Lösungswort: Bügelschloss**

**Mit Lokomotive gegen Liebeskummer** *Nr. 41*

**Lösungen zum Rechtschreibrätsel von Seite 99**

eingeliefert
Amokfahrt
Liebeskummer
Stillstand
Lokomotive
fahrende
psychiatrischen

**Lösungswort: Argentinien**

**Pech beim Rasieren** *Nr. 42*

**Lösungen zum Rechtschreibrätsel von Seite 100**

Beamten
Autofahrer
akkubetriebenen
erzählte
Rasierer
Rasur
**Lösungswort: Barbier**

**Maßkrug gegen Schweizer Polizisten** *Nr. 43*

**Lösungen zum Rechtschreibrätsel von Seite 101**

Ochsenbraterei
Schweizer
Nachbartisch
gegnerischen
Maßkrug
angriff
Bevor
Kollegen
**Lösungswort: Oktoberfest**

**Schuleschwänzen in Zürich ist teuer** *Nr. 44*

**Lösungen zum Rechtschreibrätsel von Seite 102**

Kantonsparlament
Durchsetzung
drastischen
Schuleschwänzen
allgemeinen
Begründung
**Lösungswort: Bodensee**

**Mit Bürstenhaarschnitt gegen Schulschwänzer** *Nr. 45*

**Lösungen zum Rechtschreibrätsel von Seite 103**

schwänzende
Schulschwänzen
Presse
Schuluniform
auffielen
Bürstenhaarschnitt
**Lösungswörter: Scheich Alias**

**Schummeln mit Schleier** *Nr. 46*

**Lösungen zum Rechtschreibrätsel von Seite 104**

traditionellen
Mitschülerin
Walkmans
offiziell
Schummelmethode
**Lösungswort: Islam**

**Dreijähriger in Tresorraum eingesperrt** *Nr. 47*

**Lösungen zum Rechtschreibrätsel von Seite 105**

Tresorraum
Presseangaben
passierte
Bankdirektor
Spezialfirma
wassergekühlten
**Lösungswort: Delaware**

**Jugendlicher Ausreißer gesucht** *Nr. 48*

**Lösungen zum Rechtschreibrätsel von Seite 106**

britischer
Pass
europäisches
...bezweifelt, dass...
Malaysia
abzugewöhnen

**Lösungswort: Bobbys**

**Jugendlicher Ausreißer gefunden** *Nr. 49*

**Lösungen zum Rechtschreibrätsel von Seite 107**

Deutschland
Fahrrad
Autobahn
ausgerissen
Jugendlichen
gereist

**Lösungswort: Neuseeland**

**Toiletten auf dem Mount Everest?** *Nr. 50*

**Lösungen zum Rechtschreibrätsel von Seite 108**

Umweltfragen
installieren
Unternehmer
Tageszeitung
jährlich
Veranwortlichen

**Lösungswort: Himalaya**

**Vulkan schmelzt Gletscher** *Nr. 51*

**Lösungen zum Rechtschreibrätsel von Seite 109**

| | | | | | | | | | | | | |
|---|---|---|---|---|---|---|---|---|---|---|---|---|
| R | W | A | W | Z | S | T | H | Ö | C | H | S | F |
| K | B | G | S | E | E | B | I | E | O | M | S | R |
| Ü | O | Ö | C | H | S | I | B | S | L | B | T | R |
| B | X | N | L | N | T | S | A | B | R | Ü | E | D |
| E | R | E | I | M | T | E | L | A | N | D | C | Z |
| R | L | N | O | S | W | K | B | C | F | P | K | U |
| B | S | C | H | W | E | M | M | U | N | G | E | N |

**Lösungszahl: 5**

**Gefiederte Dinosaurier** *Nr. 52*

**Lösungen zum Rechtschreibrätsel von Seite 110**

Paläontologen
vorgestellt
Dinosaurier
gefiederten
Gans
Hinterläufe
stammt

**Lösungswort: Pterosaurier**

**Dinos Spur gestohlen** *Nr. 53*

**Lösungen zum Rechtschreibrätsel von Seite 111**

Fossilien
Fußabdrücke
offenbar
kultureller
Gerät
Stegosaurus

**Lösungswort: Känguru**

**Australien schon früher bewohnt als angenommen** *Nr. 54*

**Lösungen zum Rechtschreibrätsel von Seite 112**

Gebiet
Skulpturen
gewiesen
Menschen
riesige
Australien

**Lösungswort: Bumerang**

**Der älteste Freund des Menschen** *Nr. 55*

**Lösungen zum Rechtschreibrätsel von Seite 113**

Siedlungsspuren
Haustier
Archäologen
Ziegen
domestiziert

**Lösungswort: Zähne**

**Steinzeitmädchen entdeckt** *Nr. 56*

**Lösungen zum Rechtschreibrätsel von Seite 114**

Fieberkrämpfen
Skelett
nimmt
Archäologen
Gletscherleiche
Hockstellung
Steinzeitmädchen

**Lösungswörter: Bei Linz**

**Blockhaus aus der Steinzeit** *Nr. 57*

**Lösungen zum Rechtschreibrätsel von Seite 115**

Brunnenhaus
jungsteinzeitlichen
Holzbau
Kohlenstoffanalysen
Bandkeramiker
Kulturgruppe

**Lösungswort: Bronzezeit**

**Der Gletschermann hat einen Namen** *Nr. 58*

**Lösungen zum Rechtschreibrätsel von Seite 116**

Unbekannter
Universität
Bronzezeit
Hypothese
wissenschaftliche

**Lösungswort: Ötzi (Oe = Ö)**

**Harpunenspitzen beweisen Alter der Grönlandwale** *Nr. 59*

**Lösungen zum Rechtschreibrätsel von Seite 117**

Metallspitzen
Grönlandwal
Harpunenspitzen
Waffen
kommerziellen
Speckschicht

**Lösungswort: Greenpeace**

**Wanderdünen-Museum von Wanderdünen verschüttet** *Nr. 60*

**Lösungen zum Rechtschreibrätsel von Seite 118**

Wanderdünen
vollständig
Nordseeküste
Dreifache
Sandmassen
weggeschafft
Kommune
gekümmert

**Lösungswort: Wikinger**

**DDR-Geld wird Sammelobjekt** *Nr. 61*

**Lösungen zum Rechtschreibrätsel von Seite 119**

Aluchips
Sammelobjekt
Geldumstellung
Türgriffe
Bewusstsein
Nennwertes

**Lösungswörter: Die Mauer**

**Tschechische Republik** *Nr. 62*

**Lösungen zum Rechtschreibrätsel von Seite 120**

Staatsbesuch
offiziellen
Trommelfell
verwende
Sprachgebrauch
Kritik
zerreiße
schrieben

**Lösungswort: Slowakei**

**Charles schreibt ein Buch** *Nr. 63*

**Lösungen zum Rechtschreibrätsel von Seite 121**

übermäßigen
Landwirtschaft
biologischen
Chemikalien
Aquarellen
Kinderbuches

**Lösungswort: Windsor**

**Millionen Deutsche können nicht lesen und schreiben** *Nr. 64*

**Lösungen zum Rechtschreibrätsel von Seite 122**

Erwachsenen
Unterschrift
schreiben
Millionen
unbekannte
Formulars
Experte

**Lösungswort: Informationen**

**Deutschlands größter Windpark** *Nr. 65*

**Lösungen zum Rechtschreibrätsel von Seite 123**

dänischen
eingeweiht
Jährlich
Kilowattstunden
Strom
Windenergie
Windpark

**Lösungswort: Nordsee**

**Die Tage werden kürzer** *Nr. 66*

**Lösungen zum Rechtschreibrätsel von Seite 124**

Ergebnisse
Staudämme
geophysikalische
größten
dreht
Satellitenmessungen

**Lösungswörter: Rio Grande**

Also geht alles zu Ende allhier:
Feder, Tinte, Tobak und auch wir,
Zum letzten Mal wird eingetunkt,
Dann kommt der große
schwarze

Notizen

# Ihre Meinung ist uns wichtig!

Ihre Anregungen sind uns immer willkommen.
Bitte informieren Sie uns mit diesem Schein über Ihre Verbesserungsvorschläge!

| Titel-Nr. | Seite | Fehler, Vorschlag |
|---|---|---|
| | | |
| | | |
| | | |
| | | |
| | | |
| | | |
| | | |
| | | |
| | | |
| | | |
| | | |
| | | |
| | | |
| | | |
| | | |
| | | |
| | | |

Bitte hier abtrennen

Bitte hier abtrennen

**Zutreffendes bitte ankreuzen!**

**Die Absenderin/der Absender ist:**

- ☐ Lehrer/in
- ☐ Referendar/in im Ausbildungsabschnitt: ____________
- ☐ Fachbetreuer/in
  Fächer: ____________
- ☐ Oberstufenbetreuer/in
- ☐ Schulleiter/in
- ☐ Seminarlehrer/in
  Fächer: ____________
- ☐ Leiter/in Lehrerbibliothek
- ☐ Leiter/in Schülerbibliothek
- ☐ Regierungsfachberater/in
  Fächer: ____________
- ☐ Eltern
- ☐ Schüler/in, Klasse: ____________
- ☐ Sekretariat
- ☐ Sonstiges: ____________

**Unterrichtsfächer:** (Bei Lehrkräften!)

**STARK Verlag**
**Postfach 1852**
**85318 Freising**

8-VT9

Bitte ausfüllen und im frankierten Umschlag an uns einsenden. Für Fensterkuverts geeignet.

**Kennen Sie Ihre Kundennummer? Bitte hier eintragen.**

| | | | | | | |
|---|---|---|---|---|---|---|
| | | | | | | |

**Absender** (Bitte in Druckbuchstaben!)

**Name/Vorname**

**Straße/Nr.**

**PLZ/Ort**

**Schule/Schulstempel** (Bitte immer angeben!)

*(Bitte blättern Sie um)*